高估值

打造高价值公司的九个维度

HIGH VALUATIONS

张浪 著

中国商业出版社

图书在版编目（CIP）数据

高估值 / 张浪著. -- 北京：中国商业出版社，2019.5

ISBN 978-7-5208-0733-3

Ⅰ.①高… Ⅱ.①张… Ⅲ.①公司 - 资产评估 Ⅳ.①F276.6

中国版本图书馆CIP数据核字(2019)第073355号

责任编辑：张新壮　张盈

中国商业出版社出版发行

010-63180647　www.c-cbook.com

（100053　北京广安门内报国寺1号）

新华书店经销

北京富泰印刷有限责任公司印刷

*

710毫米×1000毫米　1/16开　15.75印张　225千字

2019年5月第1版　2019年5月第1次印刷

定价:58.00元

****

（如有印装质量问题可更换）

前言 Preface

做大估值是企业发展的关键底牌

估值10亿美元作为"独角兽公司"的门槛,是怎么定的?

VIVO和OPPO还未上市估值已超2000亿元的根据是什么?

超千亿元估值的滴滴打车,是不是就和1/3个阿里巴巴一样了?

关于公司估值,是每个经营者都感兴趣的话题。所谓公司估值,又称企业估值、企业价值评估,是指着眼于上市或非上市公司本身,对其内在价值进行评估。可以说,公司估值是投资、融资、交易等行为的前提。

一般来讲,企业资产及获利能力决定其内在价值。一家公司估值很高,说明企业发展势头良好,内部运行流畅,外部竞争获益,行业前景乐观,未来发展可期;如果一家公司估值不高,则说明企业发展现状及未来都不乐观,其存活下来的概率也不会太大。

相比已上市公司,对于非上市公司,尤其是初创公司,估值是一项独特的具有挑战性的工作,其过程和方法通常是科学性和灵活性相结合。企业在进行股权融资或兼并收购等资本运作时,投资方要对企业规模、业务运营、财务状况、发展趋势、股权出让等进行评估。

可以说,估值是企业发展过程中的关键底牌。底牌的分量如何,取决于估值的高低。估值越高，外界对公司的整体评价和合作热情也越高；反之亦然。即估值对于企业发展是一种"刚需"，想要做大的企业就必须考虑将公司估值做高。那么，估值对于企业究竟有哪些方面的"刚需"呢？

第一，公司价值最大化及管理的需要。企业经营管理的目标是使公司价值最大化，即企业的各项经营决策是否可行，必须看这一决策是否有利于提升公司价值。价值评估可以帮助经营者更好地了解企业的优势和劣势，帮助管理者及时对经营决策进行改进。

第二，并购的需要。在同类公司或同等级公司的并购过程中，投资者更希望从公司现有经营能力的角度或同类市场比较的角度，了解目标公司的真实价值。这就要求企业不仅能够评估对方公司的价值信息，还能够评估本公司的整体获利能力，以便分析得到目标企业与本企业整合能够带来的常规价值和额外价值。

第三，量化企业价值、核清家底、动态管理的需要。管理者都应清楚地知道企业的具体价值，并有能力计算价值的来龙去脉。如今无形资产愈发受到重视，被认为是企业的重要财富，一些高新技术企业的无形资产价值远远高于有形资产。

第四，董事会、股东会了解企业生产经营效果的需要。企业管理层仅以公司现阶段的财务报表来衡量公司的经营成果，是非常片面的做法，因为财务状况不能全面反映一家公司的发展前景。比如，大公司财务良好却隐患多，小公司财务紧张却潜力大，这类现象就是明证。

第五，投资决策的重要基础。对企业资产的现时价值有正确评估，才能保证企业投资行为的合理性和正确性。因此，合资方、合作者在进行投资决策时，一定会对无形资产进行量化，并邀请评估机构对无形资产进行客观、公正的评估，评估的结果是投资方与融资方进行谈判的客观标准和重要依据。

第六，扩大和提升企业影响。随着企业形象逐渐受到重视，品牌宣传已经成为小公司逐步做大、大公司迈向国际舞台的重要途径。任何企业都拥有或大或小的无形资产，能给企业创造超出一般生产资料、生产条件所能创造的超额利润。所以，公司价值评估及宣传是强化企业形象、展示企业实力的重要手段。

第七，增强企业凝聚力。若将公司价值拟人化，"他"不但会向公司以外的人或其他公司传达本公司的健康状态和发展趋势，更重要的是向公司内部所有层级的员工传达企业信息，培养员工对企业的忠诚度，达到凝聚人心的目的。

通过上述七点，可以很清楚地看到正确估值对企业经营发展的重要意义。以正确的途径、用正确的方法努力做大估值，是企业发展壮大的必由之路。

目录 Contents

第 1 章 打造能提升百亿市值的顶层设计

如今，越来越多的经营者懂得了"大鱼吃小鱼""快鱼吃慢鱼"的低级商业经已经行不通了，必须要将自己的思维理念与公司的经营理念一并提升，让"质量指标"代替"速度指标"，让"顶层设计"代替"低级策略"。

1.1　顶层设计：玩好了增值，玩坏了减值　/3

1.2　战略管理：公司的价值由未来决定　/8

1.3　团队搭建：给人才最佳发挥途径　/12

1.4　组织架构：公司价值跟着优化频率走　/18

1.5　变革创新：不能自驱的公司永远没有价值　/25

1.6　机制制定：有好的制度，才有高的价位　/29

1.7　企业文化：不可忽视的基础建设　/33

第 2 章　撑起百亿市值的商业模式，这样设计

商业模式是一种客观存在，有了它不代表一定能百分之百地创业成功，但创业者建立自己的商业模式却是必要的，因为没有商业模式就一定不会成功。世界上所有的成功企业无不具有自己独特地成功商业模式，助力企业撑起了价值百亿、千亿元的庞大商业帝国。

2.1　商业模式：从一亿到百亿估值的运作秘密　/39

2.2　成功的商业模式是主导价值链　/42

2.3　估值要跟着公司的盈利模式走　/44

2.4　用价值主张决定公司的估值高度　/47

2.5　不断创新，持久竞争才有高估值　/50

2.6　拔高利润高地，占据估值高地　/52

第 3 章　没有好产品，公司哪来的高估值

产品好，公司就会被用户认可，公司的价值就会体现出来，公司的估值也会水涨船高。因此，对好产品的追求应该是所有公司的唯一目标，没有其他！

3.1　具备寡头优势，估值根本不用愁　/59

3.2　刚需、痛点、高频——寡头产品的三个估值炸点　/62

3.3　没有差异化的产品很快就会死　/67

3.4　体验决定销量，销量决定估值　/70

3.5　不创新→不迭代→不优化→不值钱　/75

3.6　正确的产品结构才能保证高估值　/81

3.7　增长前景：有明天的产品才最值钱　/83

第4章 用户价值有多高,公司估值就有多大

用户就是一切!利润、口碑都来自用户,产品对于用户的价值就是获得用户和吸附用户的主要渠道。因此,有人说"用户不是买产品,而是想变成更好的自己",这是用户对产品需求的终极愿望。

4.1 定位:什么样的"它"才能创造价值 /89

4.2 引流:如何做,浏览用户变真实用户 /93

4.3 增长:把 10 万用户变 100 万用户 /96

4.4 留存:只有沉淀下来的才是用户 /100

4.5 激活:活跃的用户才能给公司带来更多价值 /103

4.6 分类:不同类型用户,不同价值输出 /105

第5章 真实的现金流量,高涨的公司估值

公司的潜力与现金流量成正比,一个有活力的公司必定有足够的现金支付能力。如果公司的现金流中断,即使有再多的固定资产、再强的无形资产也难以存续。因此,公司在实现盈利的过程中,必须关注现金流的状况,保持最佳现金流,实现公司价值最大化。

5.1 能随时支配的货币才最有价值 /113

5.2 "现金流量表"三核心:经营、投资、筹资 /116

5.3 四个方法让债务低于现金流 /120

5.4 确定最佳现金持有量控制标准 /123

5.5 做好预防工作,保证资金链不断裂 /126

5.6 提高获现能力,加大现金流量 /129

第6章 品牌成为IP，公司估值才能无限大

有品牌的公司是首脑型企业，无品牌的公司是肢体型企业，现在的市场竞争格局是无形的控制有形的。品牌竞争力是产品战略中最核心的问题，也是公司估值中价值最大的组成部分。

6.1 打造一个价值无限的IP品牌 /135
6.2 定位：你要靠什么占领用户心智 /138
6.3 聚焦：围绕用户需求打造品牌IP /142
6.4 形象：给品牌设计一个超级符号 /144
6.5 人格：没有人喜欢冷冰冰的东西 /147
6.6 内容：有持续的优质的内容产出 /151
6.7 维护：管理好IP，品牌才能一直值钱 /154

第7章 做好股权设计，才能扛着金子上路

公司整体价值是由全部股东投入的资产创造的价值，本质上是公司作为一个独立的法人实体在一系列的合同中蕴含的权益。因此，做好股权设计，对稳定公司管理架构、发展公司经营事业都有着巨大的助益。

7.1 股权设计：搭配不合理，高估值变低估值 /161
7.2 科学切蛋糕，味道才会更好 /164
7.3 避开让公司价值降低的股权结构设计点 /169
7.4 激励是股权设计的重要因素 /175
7.5 创业者如何避免丧失公司的控制权 /180
7.6 完善股权结构，退出不再是噩梦 /184
7.7 跨过期权池陷阱，让公司更值钱 /187

第8章　公司能赚多少钱，价值就能估多高

那些被估值很高的公司，无论有着怎样的战略管理、商业模式、组织架构、制度规范、研发体系、运营方略、人才储备、企业文化等要素，目的也只有一个，就是盈利。盈利是企业综合实力的体现，能持续盈利的公司一定有着强大的生命力和最大的价值。

8.1　别让你的盈利能力低于这些指标　/193

8.2　全面预算管理，提前规划好未来盈利点　/196

8.3　客单价高了，利润率自然高了　/198

8.4　复购多一次，盈利升一点　/202

8.5　利用去规模化，提高公司盈利能力　/206

8.6　成本管理，再好的盈利也经不住浪费　/210

第9章　有形资产价值有限，无形资产估值无限

无形资产评估对于盘活企业资产、促进产权重组、加速生产经营与国际市场接轨都有着极其重要的意义。无形资产是企业品质、商标、资信、盈利能力等综合实力的体现，是公司的宝贵财富。因此，管好用好无形资产，可使公司产生巨大的经济效益。

9.1　给你的无形资产建造一条护城河　/215

9.2　知识产权保护有多好，公司价值有多高　/217

9.3　商标不止是品牌符号，更是宝藏　/220

9.4　商誉越高，公司价值越大　/223

9.5　员工素质培训，一流公司必有一流员工　/226

9.6　信息时代，数据才是最值钱的　/229

附录　公司估值关键要点大全

　　附录1　搞清企业估值方法,掌握升值渠道　/235

　　附录2　如果你的公司是独角兽,该怎么估值　/238

　　附录3　影响估值的几个错误因素　/240

第1章
打造能提升百亿市值的顶层设计

如今,越来越多的经营者懂得了"大鱼吃小鱼""快鱼吃慢鱼"的低级商业经已经行不通了,必须要将自己的思维理念与公司的经营理念一并提升,让"质量指标"代替"速度指标",让"顶层设计"代替"低级策略"。

1.1 顶层设计：玩好了增值，玩坏了减值

顶层设计是公司高层对公司的发展方向、目标、路径进行的总体规划，在充分研究公司的内部资源与外部环境的基础上，制定的可行性方案。顶层设计做得好，公司的长期竞争力和核心价值就有了保障，增值就是水到渠成。如果顶层设计不正确，甚至没有进行规划，公司势必会失去长期盈利能力，从而逐渐减值，直至消亡。

1.1.1 顶层设计的关键因素

顶层设计是公司转型与升级的突破口，顶层设计让公司少走弯路，少缴学费，从微利经营转向厚利经营，帮助公司实现质的飞跃。什么是决定公司顶层设计优劣的关键因素呢？

1. 时机

时机是决定公司顶层设计成败的关键因素。选对了时机是先驱，选错了时机是先烈。

在 2016 年初，一些有先见的业内人士就称"今年将是视频直播营销的元年"。事实的确如此，风靡一时的直播平台都是在那一年及时调整，抓住了时机。

映客预见到了 2016 年移动互联网直播热潮的大势，自 2015 年 5 月发布以来，战略方向定位为娱乐视频化方向，经营策略立足"直播＋娱乐"以及"直播＋教育"两大版块，收益主要来自用户购买平台虚拟物品及服务，6 个月后占据直播类 APP 应用榜首，与主播、用户的关系为逐步提升黏性与紧密度等。各项正确的顶层设计，让映客在短短几个月内就占据了直播类 APP 应用的榜首，狂扫 1 亿用户。

而同为视频直播类 APP 的微拍，早在 2010 年就创建上线，比映客早了 5 年，却因为彼时的 3G 网络环境而未能得到发展。又未能抓住 2016 年的大趋势，战略定位偏差，经营策略错误，盈利模式也过于散乱，与用户的黏合度也不够，最终导致惨淡收场。

2. 连接

如今商业模式的改变源自于连接的改变，互联网将公司、产品和用户直接连接到一起。因此，在进行顶层设计时，要充分考虑到这一点，如何将连接的因素嫁接进顶层设计之中。

比如，Uber 利用移动互联网将车主和用户直接连接在一起，减少了中间的时间、空间消耗，创造了新的供求关系，颠覆了传统的出租车行业，这就是连接的力量。

移动互联网时代，手机等移动设备将人与人连接在一起，创造了更大的关系网。因此，在未来的公司经营中，一定要明白硬件设备将成为这张关系网的节点，成为客户与企业之间的连接。公司在进行顶层设计时，必须将未来物理设备的智能性、移动性、云端性充分利用，进行信息采集，数据汇总，再通过数据分析，为用户提供针对性的增值服务，从而产生利润。

3. "第一法则"

公司顶层设计的第三个因素是"第一法则"。人们都会记得第一个登上月球的人是谁，却很少关注第二个。对公司来说也一样，要想抢占市场，就要整合所有资源去聚焦在一个品类上，然后在最短的时间内将自己的产品打造成本品类中的第一。

1 号店开创了中国电子商务行业"网上超市"的先河，自创业之初就在系统平台、采购、仓储、配送和客户关系管理等方面大力投入，打造自身的核心竞争力。

想要实现"第一法则"，要求公司的顶层设计要更加侧重于产品的定位，即"先品类，后品牌"的原则，快速打造出尖刀产品。具体的做法是：进行场景经济的打造，再对品牌持续投入，通过口碑效应带来美誉度和知名度，获取足够多的用户，自主形成生态圈。

1.1.2 结合公司发展的现实进行顶层设计

凡客诚品在崛起之初，定位于服务数量庞大的基础性客户，因此产品方案多取自大众心理，技术路径也很大众化，商业模式走"线上销售、渠道直通、定价亲民、服务上门、超长售后"的路线，管理结构采用去中间环节的高层直接领导基层的模式，岗位任务的划分明确到人，再辅以合理的绩效考核、薪酬福利和规范严格的管理制度，凡客诚品呈现了野蛮生长的趋势，不到两年就占领了网络销售领域。

战略定位决定了那一阶段的凡客诚品一定会突出重围，因为广大客户需要的就是质量好、设计朴实、价格亲民、售后到位的产品，凡客诚品走的路线符合公司发展的现实。可以说，顶层设计所必需的八个模块——战略定位、商业模式设计、管理结构设计、产品方案与技术路径、业务流程规划、组织与岗位任务设计、薪酬福利与绩效考核设计、管理制度制定（如图1-1所示），凡客诚品那个时候都做到了，所以才实现了迅猛增值。

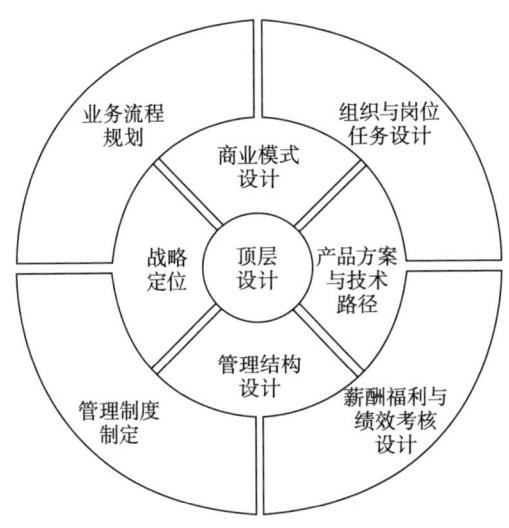

图1-1 顶层设计的八大模块

顶层设计不能脱离公司的实际现状，必须与公司发展的现状结合起来，才能发挥最大的作用，才能成为公司强大的基石。

1.1.3 以客户需求为导向进行顶层设计

2013年6月，凡客诚品创始人陈年跟小米创始人雷军小聚。作为老友，雷军直言相告凡客诚品的盲目扩张是上个时代的做法，未来的企业会像小米一样，以用户需求为导向，用产品来塑造品牌。但陈年则认为：从用户增长去预估业务增长，以此布置SKU（库存量单位）的思路同样成立。

一个以用户需求为导向，一个以用户增长为导向，这是一对矛盾体，如图1-2所示。供求关系永远决定着市场的需求走向，企业做出的任何一款产品最终都要销往市场，销售给用户，因此，用户有需求，产品才有价值，否则就是废品。

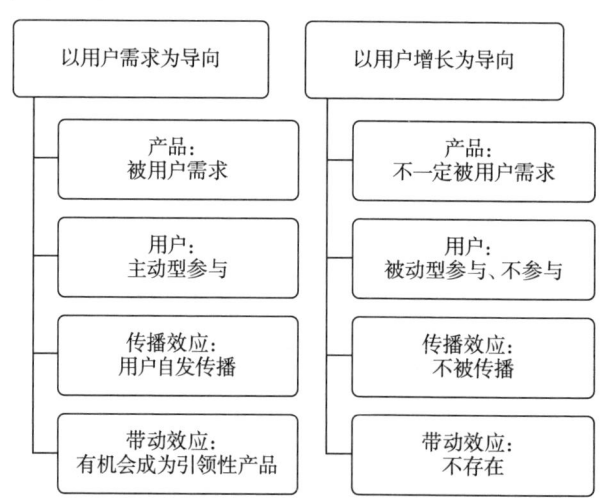

图1-2 以用户需求为导向和以用户增长为导向的差异

以用户增长为导向，这是毫无风险意识的心理，认为用户今天来买产品，今后就会"忠诚留守"。企业有没有想过，用户不来了怎么办？因为产品不再吸引用户，所以用户就不来了，曾经庞大的用户数量可能瞬间就消散了。凡客诚品就是其中的典型，如今还有多少用户购买商品的首选还是凡客诚品？恐怕连想起来都困难了。

因此，在进行顶层设计之前，只能记入用户的需求，绝不能记入用户的增长。毕竟用户的增长是要靠产品来维系的，产品被需求，用户自然来。

1.1.4 顶层设计需确保各阶段的衔接流畅

凡客诚品在短暂的辉煌之后，就极速消沉了。首先是定位开始混乱，从大众化转向高端化、从种类收缩转向全面扩张、从踏实服务转向"语言艺术"；其次，产品方案和技术路径都开始脱离大众的基础；第三，商业模式中最能打动客户的"定价亲民"渐渐成为过去式；第四，管理结构开始变形，直至扭曲，顶峰期的13000人中总裁级的领导就有三十四位；第五，岗位任务的划分不再到人，而是到各个部门就截止了；第六，绩效考核、薪酬福利和管理制度，由于僧多粥少也变得支离破碎。

彼时的凡客诚品，完全没有顾及自身的条件，更没有考虑外部环境的变化，还沉浸在自以为是——希望年销售额达到100亿元的美梦中。

公司发展分为创业期、发展期、巩固期、壮大期等阶段，各阶段都有不同的顶层设计，但各阶段的顶层设计都不是孤立的，要有良性的衔接。凡客诚品的失败就在于发展期的顶层设计没能很好地衔接上创业期，两个阶段完全脱节了。要想做好衔接需要注意以下三个方面：

（1）目标可控。不能提出超出能力范围的目标，否则不扩张就难以实现，势必将造成定位偏差。

（2）人员可控。人越多，管理的消耗就越大，就会忽略企业真正要管理的应该是价值。

（3）产品可控。产品要保持聚焦性，盲目多元会让产品失去用户，也会搅乱商业模式、管理制度、业务流程等公司的核心竞争力。

1.2 战略管理：公司的价值由未来决定

战略是根据公司内部条件和外部环境设定的目标，并为保证目标的正确落实进行谋划，是左右公司能否持续发展和持续盈利的最重要参照系。战略管理则是依据战略规划，依靠公司整体能力付诸实施，并对实施过程加以监督、分析与控制的动态管理过程。

1.2.1 战略"5P模型"

加拿大麦吉尔大学教授亨利·明茨伯格指出，人们在生产经营活动中，针对不同的场合以不同的方式赋予企业战略不同的内涵，具体有五种战略定义，称为"5P模型"，如图1-3所示。

	从公司——未来发展角度——计划（plan）
5P	从公司——过去发展历程角度——模式（Pattern）
模	从公司——所处的产业层次角度——定位（Position）
型	从公司——自身层次角度——观念（Perspective）
	从公司——竞争角度——策略（Ploy）

图1-3 战略"5P模型"

一个优质的战略规划，要同时满足"5P模型"中的所有要点，即对公司曾经的发展模式做出改进，为公司的未来发展提供过硬的计划，将公司定位于最合理的位置，向公司提供最正确、坚实的发展理念，提供给公司足够应对残酷竞争的方式方法。任何一个要点的缺失，都不足以保证战略规划的可执行性，可以说"5P模型"的要点缺一不可。

1.2.2 战略管理的四个阶段

战略管理不是一次性的、单向性的、静态性的,而是循环的、往复性的、动态性的。根据公司内部条件和外部环境的变化,以及战略执行结果的反馈信息,重复调整并进行新一轮战略管理的过程。战略管理主要分为四个阶段,如图1-4所示。

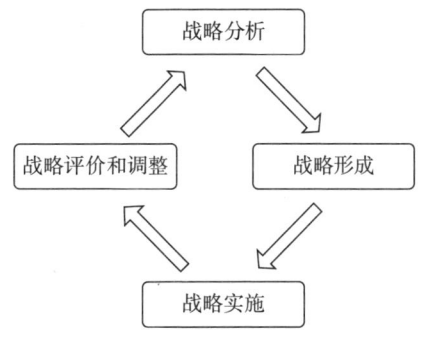

图1-4 战略管理的四个阶段

1. 战略分析——了解组织所处的整体环境和相对竞争地位

(1)确定公司的使命和目标。阿里巴巴还在初创阶段,马云就提出了"帮助中小企业发展,让天下没有难做的生意"的使命,并一直为此努力着。

(2)对外部环境分析。马云在同"十八罗汉"埋头创业时,经常强调的一句话是"留给我们的时间最多半年,如果产品半年还出不来,我们就死了"。这番话是基于对公司所处的外部环境不断变化的察觉,这些变化将给公司带来更多的机会,同时也带来很大的威胁。

(3)内部条件分析。马云对阿里巴巴的定位很准确,即它是一家实力弱,但处于新兴领域、前景广阔的公司。那时阿里巴巴只有18个人,战略能力只有尽快研发出产品这一条路。

2. 战略形成,也称为战略的制定和选择

(1)制定战略选择方案。可供选择的方案越多越好,但要切合公司实际状况。可以从对公司整体目标的保障、对中下层管理人员积极性的发挥、对各部门通力协调等多个角度考虑。

（2）评估战略备选方案。有两个标准：一是选择的战略是否有利于公司扬长避短；二是选择的战略能否被公司利益相关者所接受。

（3）不存在最佳方案。战略评估最终落实在战略收益、风险和可行性分析的财务指标上。

3. 战略实施——采取措施发挥战略作用，即将战略转化为行动

主要涉及以下问题：还需获得哪些外部资源以及如何使用？需要对组织结构做出哪些调整？如何在公司内部各部门之间分配及使用现有资源？如何处理一定会出现的利益再分配问题？如何进行公司文化管理？如何保证公司战略的成功实施？

在战略实施过程中，最高管理者的领导力、中低层管理者的执行能力、基层员工的主动性同样重要。各级管理者需通过招聘、选拔、提升、处罚、调岗、解职等方式，确保战略目标能够顺利实施。

4. 战略评价和调整——审视、检验战略的科学性和有效性

参照公司的经营情况和随时出现的新思维、新机会，及时对所制定的战略进行调整，以保证新战略对公司经营管理进行有效性指导。包括调整公司的目标展望、公司的长期发展体系、公司的具体战略、公司战略的执行等。

1.2.3 战略管理的实用方法分析

在现时的市场环境下，公司进行战略变革已不再限于扭亏为盈等短期行为，更重要的是通过变革，使公司有能力应对变化万千的市场环境，并做出快速的反应，以确保在激烈的竞争中保持优势。

☞ **紧紧抓住环境变化的风潮**

商业环境是随时都在变化的，可谓无一日不出新，无一年不换代。因此，对外部环境的分析是战略管理过程的关键环节和要素。所有成功的战

略大多是那些与环境相适应的战略。

这就要求公司管理者应很好地分析公司所处的环境，了解市场竞争的焦点，了解政府法律法规对公司经营可能产生的影响，以及公司所在地的劳动供给状况等。

比如，家庭娱乐系统的主要生产商松下电器，通过各种各样的外部资源来获取关于外部环境的信息，重点是把握环境的变化和发展趋势。松下成功地侦测到了：家庭小型化趋势将使得对大功率、高度紧凑的音响系统的需求剧增。于是自20世纪70年代末期开始率先进行研发，到20世纪80年代中期就在微型化方面有了技术突破，成功扫荡了大部分市场份额。

☞ **对于不确定的未来，不去预见，而是靠近**

在做战略设计时，要注意不确定性因素的影响。不确定性大多来自对未来的不掌控，毕竟不是任何时候公司都能正确掌握未来的发展方向，很多时候未来就是无法确定的，需要到了眼前才能看清楚。比如3G之后是4G，4G之后是5G，但4G和5G究竟应该在什么时间出现，受通讯技术和用户需求的限制，很难预测。但绝不意味着坐着等待，商场不会给后来者机会。

华为有句话：没有成功，只有成长。十几年前我有幸去华为，感受最深的是，他们很少说历史，永远都在讲未来，但却不是预测未来，而是努力靠近未来。那时候就看见华为人在讨论5G技术，而当时大众在用2G。究竟5G哪一天会到来，没有人知道，但时代在进步，一点点靠近，总会比对手先一步到罗马。

可以想象，当我们今天在讨论2019年的事情时，华为人一定已经在规划2029年的事情了，这就是华为战略为什么一直高效、华为的增长一直强劲的原因。所以，华为有句很令他们骄傲的名言：能够打败华为的永远是华为自己。

1.3 团队搭建：给人才最佳发挥途径

有些团队人才济济，但人才却并未得到真正的施展。为什么？因为没有给予人才最佳的发挥途径，即团队没有搭建好，人才配置失当。因此，团队搭建时，必须要想办法将人才解放出来。首先要完善团队的人才构成，其次要选择正确的搭建模式。

1.3.1 优秀团队必须有七种人

有七种类型的人才最关键，只要有这七种人就可以组成一个优秀的团队。

1. 绝对掌控者

如果团队同时存在几种不同意见，情况就非常棘手，一味地实施民主是无法让公司正常运转的，必须有一个具有绝对领导权的人统一号令，带领大家向前走。

2. 技术天才

"创业最好拥有具备技术知识的人才"，这是德国企业家贝恩德·施赫尼尔在其所著的《企业家生存指南》中所说的。团队里必须有能够主导技术进程的人。

3. 行业资深人士

真正了解行业是极具价值的。经验老道且能力出众的人的作用不仅能创造，还能发现，他们真正明白一个行业需要的是什么。

4. 发出质疑声音的人

他们是魔鬼的代言人，常常能发现他人发现不了的问题，任何团队都需要这种人。记住，他们不是故意挑毛病，他们只是能看到正常角度以外的事。

5. 专职的销售人才

他们的价值在于，能将团队提供给用户的价值传递出去，并且能得到用户的认可，最终转换为收益。

6. 埋头苦干的执行者

团队里如果都是顶尖人才，也无法存在长久，因为缺少木材，再旺的火苗也会熄灭。所以，这种薪柴型人，团队必须要保留下来。

7. 连通公司与外界的搭桥者

他们会帮助团队找到新的发展途径和新的支持盟友，他们可以打破所有壁垒，帮助整个团队接近到原本不能接近的人和地方。

1.3.2 六种团队搭建模式

有了优秀的人才，还得有适合的团队建制，给人才以充分发挥的机会。具体哪种团队搭建适合哪种类型的公司呢，以下给出几种优秀的团队搭建模式作为参考。

☞ **以技术类成员为核心搭建团队**

创业团队离不开对技术的要求，尤其在如今科技为王的年代，创业成功必须基于某种领先的或者新兴的技术，有了对技术的掌控，团队的生命力才能强大起来。因此，技术性团队对成员的基本要求就是都有各自的技术专长，然后团队整体将个体的技术整合起来，形成强大的战斗力。

对以技术类成员为核心搭建起来的团队，在管理时应尽量去除强制或者厚层次管理，仅保留一个能够掌控大局的领导者，其他成员呈横向平级铺开、彼此间没有纵向管辖关系。

待到团队整体实力提高后，可以给其中的技术骨干和对团队做出重大贡献的人的等级进行提升，薪资待遇也要随之增加，但并不增加管理职位，这就避免了日后的服不服问题，也避免了职业通道堵塞的问题，因为每个人前面的通道都是通的，没有人挡着你。

☞**服务于一线员工的平台型团队**

团队成立的目的是为了实现某一项任务或者某一个目标,如果团队的人数较少,可以大家一起上阵,但如果团队人数较多,就需要有不同的分工。但不论怎样划分,最终去完成工作的永远是最一线的成员,而其他成员都要为这些一线员工输送必要的资源,以保证一线员工的工作能顺利完成。

也就是说,这种团队相当于一个平台,平台最前沿是直接的任务执行人,也是最该受到保障的人,其他各部门所做的一切工作都是为了服务和保障一线工作人员,好让他们专心开展工作,如图1-5所示。

因此,这类团队的运行模式也被称为"养殖场模式",即把鸡关到笼子里,每天给它们送饲料送水,它们只要不断地成长,然后每天下蛋就可以了。

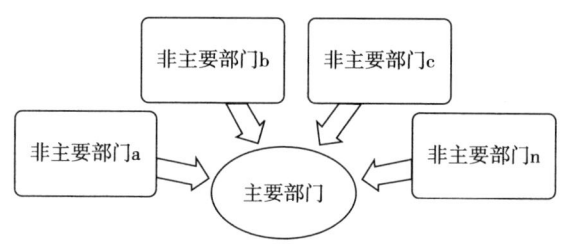

图1-5　服务于一线员工的平台型团队

☞**外包一次性业务的团队**

团队用人有这样一个误区:某人是不是我的员工,在于有没有跟我签劳动合同,或者在于这个人有没有在我的公司上班。

这是非常错误的观念。现实中有很多这样的现象,比如,某一人或某几人跟公司签订了劳动合同(完成某款APP的开发),也在公司上班(每天进行开发工作),但如今已经对公司运行没有多大作用了(APP开发完成,现在只需要做简单的技术维护),可见这样的员工并没有为公司的目标去服务。

这种情况可以用张瑞敏先生的一句话来概括:"在过去,我们搞研发总是试图把全球最优秀的技术人员都聘请到我们的研究院来,然后关起大门好好搞研发。但是，现在时代不同了，我们要把思维打开，要跟全球所有的研发人员和研究机构展开开放式合作。"

团队成员的价值不应体现在在哪家公司上班，而是在于他们能够充分发挥作用，因此具备"跟外部的各种资源进行开放式对接"的观念很重要。

如果仅是需要开发一个APP，开发完成后就进入推广环节，开发人员就不再需要了，那就没有必要专门招募一批这样的人，只需要将开发的工作外包出去，让对方按照自己的需求实现就好。这种做法虽然在一次性投入上会多一些，但整体的投入相对更少。

国际品牌耐克就是走的外包路线，该公司只有三个部门：品牌运营中心，技术部门（负责工艺），小型加工厂（负责做核心零部件）。其他部门都是外包开放式的，生产、广告、渠道、物流甚至很多的管理职能全都由外部更专业的公司来完成。

☞ 自我管理、自我领导、自我负责的团队

自我管理型团队通常是由10~20人组成，成员拥有不同的技能，轮换工作，自行负责管理原本由上级承担的管理任务。团队的责任范围包括：控制工作节奏、决定任务分配、安排工间休息，甚至自行挑选成员、相互绩效评估等。此类团队不再需要常规的监督，这是新型横向型的团队组织。

组成自我管理团队的方式有两种，一种是按照对团队成员行为要求而设定，另一种是按照员工的职责范围而设定。

1. 行为设定法

团队成员要对自己的工作成果负责；要监控自己的业绩、持续寻求反馈，并及时进行纠正；要积极寻求公司的指导、帮助和资源；要主动地帮助团队其他成员改善业绩。

2. 职责设定法

团队成员需要对工作任务进行计划制定（目标设定）、日程安排（开始时间和完成时间)、过程控制(工作速度)、工作分配(成员在什么时候什么地点做什么工作)、组织调配(什么人适合做什么工作)、做出决策(存货数量、质量控制、工作控制)、问题解决(质量问题、服务问题、纪律问题)。

此外,因为自我管理型团队的相对特殊性,其在设计时必须赋予一定的要求和权限,以保障团队能够正常运转。通常要满足以下五个要素:

(1)团队必须囊括各种所需技能类型的员工。

(2)团队成员必须事先进行交叉培训,以综合技能保障团队执行。

(3)团队可以优先获得完成整个任务所需的资源。

(4)团队必须被赋予充分的决策权。

(5)团队必须拥有自主权,以处理一些完成任务所必需的活动。

☞ **为临时项目组建的临时团队**

团队完成任务的过程中,很难有沿着预期轨道直线发展的,总会因为各种各样的原因而横生枝节。这类意外影响团队向下的工作,必须要解决,而且意外总是发生得很突然,发作的难度系数也很大。因此,在面对意外时,团队应该将这类意外引发的必须要解决的任务单独提出来,组成一个新的任务团队并将其解决。

这类团队因为紧急性需要得到一定的特权,比如事务处理顺序的提前,财政支持上的特许,选人方面的优先调用。在得到上级部门认可后,该团队随即宣告成立,当任务结束以后,这个临时的团队就宣告终止了,调用的人都回到原部门中。

组建临时团队的好处有以下几点:

(1)组织的刚性结构被打破,变得更有弹性,对突发状况更有应对能力。

(2)可以更好地响应外部环境的需求和变化,做出更加精准的应对措施。

(3)任何员工都可以主动申报去临时团队,有利于员工发挥自己的强项。

☞灵活组建、又能灵活解体的虚拟团队

这类团队的成员散落在不同地域、不同国家，相互通过各种的信息技术（电话、传真、邮件、聊天软件、可视图文等）来进行沟通、协调性的合作，很可能成员之间并未见过面。

比如，波音公司在制造波音777飞机时，就采用了虚拟团队的形式，合作成员实现了跨时间、跨地区、跨组织的工作。

其实，虚拟团队的工作状态是：真实的团队成员在虚拟的工作环境下进行实际的工作。无可置疑，虚拟团队是在通讯技术相对发达的现代才可以实现的。相对于传统的团队建设，这种团队有以下的优势。

（1）人才优势。方便集聚世界各地的人才，动态地利用这些人才资源为团队服务。

（2）竞争优势。成员带着各自的技术、知识和信息资源加盟团队，这些单项优势的联合必然形成强大的竞争优势。

（3）效率优势。成员利用信息技术实现连通，缩短了信息沟通和交流所用的时间，最大程度抵消了信息的滞留。

（4）成本优势。打破组织界限，大量利用外部人力资源，组织可以精简机构，减轻人工成本压力。

虚拟团队可分为六种类型，前两种以组建方式划分，后四种以组建目的划分：

（1）网络式：成员流动性较高，完成短期的、非常规性的任务。

（2）并行式：成员相对确定，完成常规的、单一功能的任务。

（3）项目团队：为改善某项任务而组建的临时性组织，任务完成后自动解散。

（4）行动团队：对紧急情况或突发事件提供快速反应的组织，危机解决后随即解散。

（5）服务团队：由跨地域提供服务的技术专家组成，根据不同地区的时差轮流工作。

（6）管理团队：由跨国公司的高管组成，利用信息技术协同工作。

1.4　组织架构：公司价值跟着优化频率走

组织架构是一家公司的流程运转、部门设置及职能规划等最基本的结构依据。优秀的公司都懂得这个道理，都在奋力建设最优质的组织架构，力争让公司最为稳健、高效、有力量地迈出每一步。这样的公司无疑是高价值的，而且会带着高价值一路走下去。

1.4.1　不同的企业生命周期需要不同的组织架构

任何公司都有着固定的生命周期：出生、成长、成熟、壮大，然后或者持续强大，或者由盛转衰。无论哪个时期都离不开组织结构。即人总是要管理的，团队总是要运行的，组织结构是带动一切的齿轮组合。当然，公司所处的不同时期想要获得成功所需的关键因素也会不同，与之相应的所需要的人才和为人才配置的组织结构也不会相同。

AEI是对应各个时期所需的能力配置：A（Ability）个人能力，应对于创业时期；E（Execution）战略执行能力，应对于高速成长时期；I（Innovation）制度创新，应对于持续发展时期。因此，为了适应人才结构的变化，也为了适应公司发展，组织架构必须随着公司现状的变化而不断变化，如图1-6所示。

图1-6中，公司沿着起步、成长、成熟、再兴的路径，其经营管理的范围和方式在逐渐调整，组织结构也就随着不断地调整，如此才能应付各个阶段出现的不同危机。

第1章 打造能提升百亿市值的顶层设计

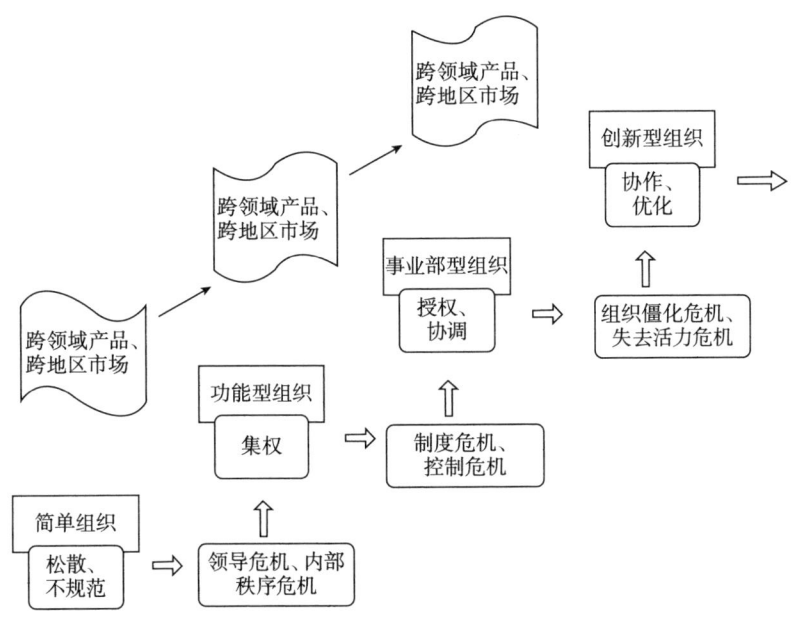

图1-6 组织架构随公司发展而发展

1.4.2 架构组织的方法

1. 业务流程

麻省理工大学教授迈克尔·哈默说:"优秀的流程将使成功的企业与其他竞争者区分开来。"因此,流程管理被认为是现代企业组织架构的基石,为用户创造价值的过程就是整个企业的业务活动流程。而标准化的、规范化的、精细化的、清晰的业务流程有助于理清组织结构关系和理顺信息流程。

2. 制度

优异的组织架构离不开制度,而制度绝非文字条规,而是文化原则。但是,想达到从文字条规到文化原则的过渡,需要不断循序渐进地开展制度建设,以适应不同时期对于组织的要求,如图1-7所示。

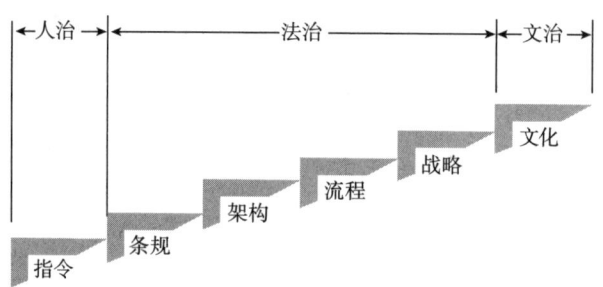

图1-7 制度对于不同时期组织结构的适应

3. 层次与幅度

合理的管理层次与管理幅度是保证管理有序运转的基础。因此，必须根据关键业务流程，在兼顾管理人员的能力、体力、精力和下级人员的素质、专业技能的前提下，确定管理层次和管理幅度。

管理层次和管理幅度是相互制约的两个因素。管理层次是在职权等级链上所设置的管理职位的级数，因此是纵向的；管理幅度又称管理宽度，是在一个组织结构中，管理人员所能直接管理或控制的下属的数量，因此是横向的，如图1-8所示。

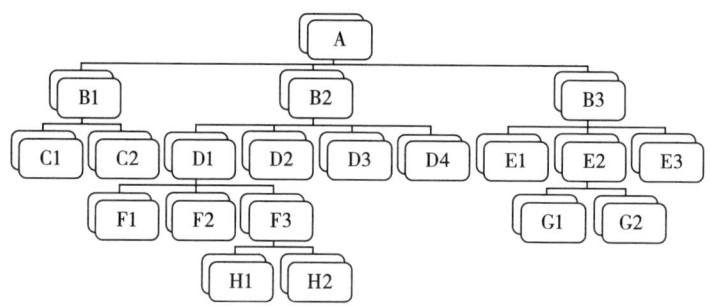

图1-8 管理层次与管理幅度的表现

图1-8中，A下方的B、C、D、E、F、G、H系列形成管理层次；A只与直接管理的B系列形成管理幅度，而B1与C系列形成管理幅度，其余同理。

4. 重点划分

从关键业务流程上划分企业的各种职能管理部门，必须要找出核心要素。我们以工业制造类企业的流程为例，设计管理部门（可根据需要合并或拆分），如图1-9所示。

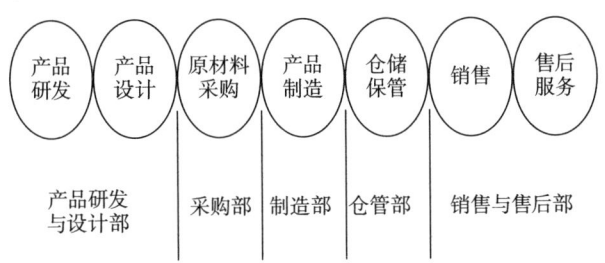

图1-9　对关键业务流程划分管理部门

职能管理部门划分之后，还要设置辅助部门，目的不是创造价值，而是为了有力地支持主要职能部门的运作。

1.4.3　常见的架构组织类型

组织结构有很多种，目的是为了适应不同的现实状况。

1. 直线型

组织中各级部门按垂直系统直线排列，各级部门的主管对下属拥有领导权，下属职位的员工只能向其所隶属的直线上级汇报工作，如图1-10所示。

该组织结构的优势是，能够集中权利。权利和责任的划分很分明，命令能够快速向下传递，也能快速执行。但缺点也很突出，没有具体分工，任何行动从开始到结束的一切负担都在管理者肩上，而管理者很可能因为能力所限而做出错误判断和错误决策，给公司带来损失。

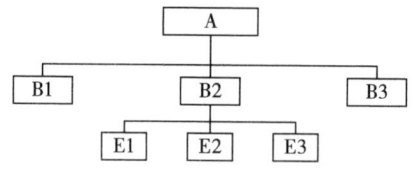

图 1-10 直线型组织结构

2. 职能型

该组织结构是在直线型的基础上，加上了具体分工的职能部门，如图 1-11 所示。该图中，B、C、D 是三个不同的职能部门，然后在职能部门下面再进行直线排列。

该组织结构的优势是，领导者继续拥有直线结构中的集中管理权，又因为有了具体的职能分工，各部门能够实现更专业化的运作。其缺点则是，因为没有相应的规则约束，领导者因为精力有限或放权过大，各部门容易自成体系，而且各部门长期各自为战，信息难以进行横向沟通，导致各部门间的关系难以协调，合作较为困难。

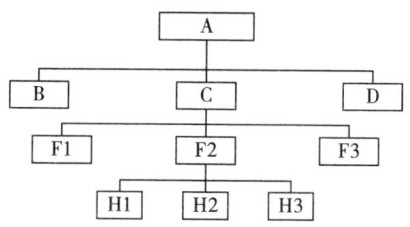

图 1-11 职能型组织结构

3. 事业部型

这是公司发展到一定规模之后经常会被采用的一种组织结构，即在总公司下，按产品类型或销售地区设立 N 个可以独立核算、自主经营的事业部门，通常以分公司的形式出现，如图 1-12 所示。

该组织结构的优势也非常明显，因为事业部是独立出来的，有自主经营权利，有利于发挥事业部的积极性，以更好地适应市场需要。而各事业部的负责人拥有一定的独立决策权，有利于人才培养。同时，还可以将高层从日常管理中解放出来，将更多的精力用于思考战略性问题。其缺点是机构重叠，因为每个事业部下设的常备部门都是相同的，因此会造成人力资源的浪费。而且各部门因为内部竞争关系，容易产生本位主义，给公司带来不必要的内耗。

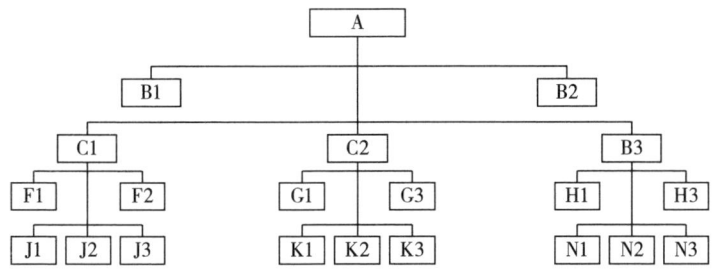

图1-12　事业部型组织结构

4. 临时矩阵型

如名字所示，这是一种为完成临时性任务而组建的项目小组。这种组织结构是反传统的，因为传统的组织结构是单维的，一个员工只有且必须只有一个上司，如图1-13所示。但是，矩阵型组织结构则颠覆了这个原则，因为是临时组建去完成临时的任务，就不可能从外部进行招聘，而要从内部进行调度，被任命为临时小组负责人后就有资格优先从其他部门调用所需人才，待到任务完成后，小组自动解散，成员回到原部门。还有更为灵活的一种方式是，同时出现几个临时项目小组，都在挑选人员，有的员工可能同时被不同的临时小组征调，如果能力允许加上工作量适当的情况下，可以跨组工作。

该组织结构只有一个优势，但却很有独特性，就是实现了各部门间的纵横结合，加强了各职能部门之间的协作配合。其缺点则有两项，因为成员流动的原因，导致组织结构的稳定性较差。而且，双重或多重的职权关系，具体执行时容易引起冲突。

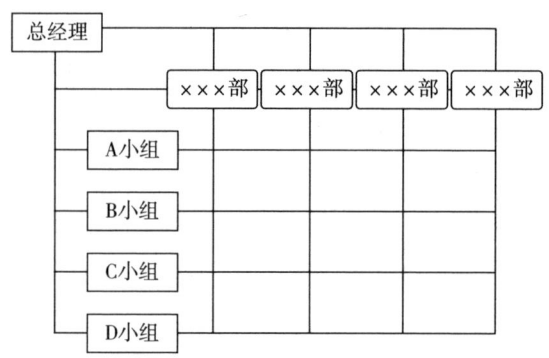

图1-13 临时矩阵型组织结构

5. 网络型

这是一种新兴的组织结构,组织中的大部分职能部门被取消,转而实行对外引入的策略,即管理当局将其经营的主要职能都外包出去,如图1-14所示。

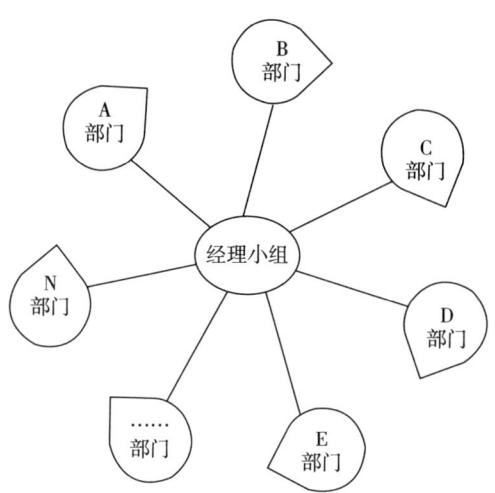

图1-14 网络型组织结构

该组织结构的优势是,只保留核心团队,实现聚焦,专注做最擅长的事。这种方式可以降低管理成本,提高管理效益,简化管理机构和管理层次。其缺点则是风险性大,因为将大部分职能部门都外包出去,就等于对外部资源产生了较强的依赖性,如果外部环境发生变化,或者所承接的对象出现了问题,会给公司带来严重的风险。因此,在进行组织外包时,一定要时刻关注外界环境和承接对象的运作过程,监督权要掌控住。

1.5 变革创新:不能自驱的公司永远没有价值

公司的成长有主动与被动,主动是自我求变革求创新,被动是被迫跟随创新。主动的变革创新,是为了公司能有更好的发展,是一种可转化为自主驱动式成长的模式。被动创新则不可能转化为自驱成长,只能是勉强跟上竞争对手的脚步,但迟早会被甩下。所以,在进行公司估值时,一定会分析该公司是否具有持续创新意愿和具备不断创新的能力。

1.5.1 创新的六个层次

对于一家公司而言,创新可分成六个层次,如图 1-15 所示。
(1) 文化创新:最难以把控的创新,与其说是创新,不如说是养成。
(2) 技术创新:最根本的创新,与公司的使命有关。
(3) 商业模式创新:核心的创新,解决公司与市场的关系。
(4) 产品创新:最重要的创新,解决公司的存在价值和存续时间。
(5) 管理创新:公司内部的创新,解决企业生产效率问题。
(6) 营销创新:最表象的创新,解决公司与用户的买卖关系。

至上而下看,高一级的创新可以决定低一级的创新。但很多公司都有一类误操作,比如用户满意度下降,就找销售部门"打一顿板子"。这是错误的,因为首先应该考虑的是管理模式是否出了问题。

至下而上看,低一级的创新又会对高一级的创新起到反推作用。比如,商业模式的创新能确定产品应该如何定位、如何表现。这方面最典型的案例是拼多多。

拼多多成立三年,年 GMV(成交总额)突破 1,900 亿元,年活跃用

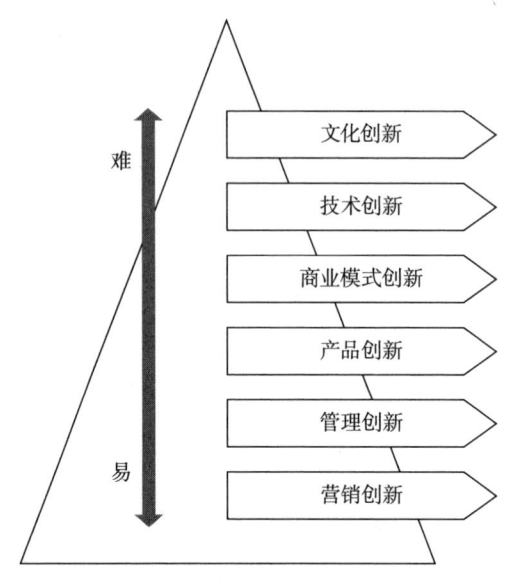

图1-15 创新的六个层次

户数与京东相当,2017年总营收17.44亿元,净亏损5亿元。数据也说明拼多多呈现出典型的仍在平台模式早期发展阶段的特点,其仍然在不断扩大流量,变现部分流量。因为拼多多的营销模式相对较轻,即便投入大量营销获客费用,亏损也尚在可控范围。

拼多多的主力商品品类包括食品,母婴,女装等,显然这都是非常高频的品类。不论是三四线城市占其消费主力也好,还是便宜的商品,拼多多都以社交电商为矛头,实现的本质上都是长尾流量的整合。这种创新营销方式,让经销商通过社交电商的模式,以低价销出大量的低值易耗商品,满足低线消费者对于价格的诉说,而长尾供应商也因此接到大量的订单。通过这种创新营销方式,拼多多成为移动电商的一匹黑马,其估值不可小觑,在阿里和京东的夹缝中成功杀出重围。

不可否认的一点,越低级别的创新越容易,越高级别的创新越难做。但这不意味着低级别的创新不重要,高级别的创新就必不可少。对于中小型公司来说,低级别的创新反而更重要,因为生存为主,没有实力何谈颠覆性的技术创新和高难度的文化创新。高级别的创新是针对大规模公司的，典型的案例是华为，技术创新和文化创新方面都处在领先地位。

1.5.2 创新战略推动三步法

创新如此重要，也非常受重视，但仍有很多公司在这方面举步维艰。下面结合实践，从战略的角度审视创新的价值，总结出创新战略推动三步法。

1. 文化造势

文化是一个公司在外部环境中表现出来的特质，这种特质犹如公司的行为 DNA。也就是说，有什么样的文化，就会有什么样的理念；有什么样的理念，就会有什么样的行为；有什么样的行为，最终得到什么样的结果。

没有文化的公司是没有未来的。因为员工的思维习惯和行为习惯都要依托在文化的基础上逐渐形成，这种习惯一旦形成，公司竞争力将无法限量。这其中，坚持求变求新的创新文化，尤为重要。造势可以分为以下三个方面进行：

（1）外部造势。通过行业分析，竞争对手研究，营造一种危机意识，激发员工的斗志。

（2）内部造势。制定内部创新方案，并进行宣传，让尊重企业文化的弦时刻紧绷。

（3）鼓励试错。任何改变都不会被立即适应，初期应该给予员工和组织容错的机会。

2. 预算保障

天下没有免费的午餐，创新也需要成本付出。但公司想要获得长期发展，就必须从战略的角度、可持续发展的角度、竞争的角度看待创新性投入。

华为的全年研发投入约为 50 亿美元，三星的全年研发投入达到 144 亿美元。但华为的 50 亿美元占年销售额的 12.8%，三星的 144 亿美元只占年销售额的 6.5%。可以看出，三星的研发费用约是华为的三倍，但华为的研发投入强度是三星的两倍。

预算的配置不仅仅是人员和物资的保障，相关的培训、交流与研讨，也是一项必不可少的投入。比如，创新涉及的相关能力、工具、思维的培训尤为重要。

3. 不分大小

创新从来不是一步到位的梦幻状态，而是跬步前行的艰苦行为。就像马拉松世界冠军，也是一步一步训练出来的。企业的创新也是一样，需要一个不断成长、发展、提升的让自己逐渐演化的过程。

大创新都是由小创新开始的，或者是由若干个小创新叠加而来的。犹如一个金字塔，形成一个稳定的架构，而非点子思维和灵感思考，那样创新就真的成了雾里看花、水中看月了。即使是点子思维、灵感思考，也需要先有这样一座创新金字塔作为引导、促发和保障的基础。

1.5.3 变革需要有组织保证

变革是一项复杂的系统过程，要把变革的目标落到实处，需要强有力的组织保证。在这方面华为走在了前面，他们做好了三个层面的工作。

（1）成立"变革指导委员会"或"变革指导小组"（根据变革涉及的范围大小而定，大称"委员会"，小称"小组"）。

组织变革往往涉及公司的多个部门，而且涉及的面很宽，程度也很深。有变革指导委员会或变革指导小组对于领导整个变革非常重要。

（2）成立变革管理机构需要因公司具体情况而定。如果变革项目比较大，若干项目下包含若干子项目，就需要成立"变革项目管理办公室"或类似机构，否则不必设立。

公司成立"变革项目管理办公室"，是"变革指导委员会"的具体办事机构，负责变革工作的总体协调，任务大体如下：负责项目或多项目管理、咨询合同、项目目标、项目预算、项目资源保障、进度、质量、风险、项目过程监控、与相关方面的沟通、专家及顾问的管理等。

(3)变革的结果能不能达到预期,需要有人来具体落实,这个落实的部门就是"变革项目组"。

"变革项目组"是最后执行机构。对变革的业务目标要承担责任,确保解决在项目进展过程中产生的风险和变化带来的问题,尽量减少变革对公司当前业务的影响。

1.6 机制制定:有好的制度,才有高的价位

制度对公司的作用和意义毋庸置疑,看看那些成功的公司在制度管理实施方面都非常符合自身的发展,也就是说,这些公司借助制度的翅膀实现了腾飞。同时,公司的制度一直在优化升级,使制度成为保障企业高效运转的"制动器"。而且有了制度的保障,公司的价值也会随之提高。

1.6.1 好制度需要三个要点作支撑

公司在制定制度时,经常会犯一些常识性的错误,比如:缺少针对性,舍本逐末;不够简明,复杂冗长;条文不具体,笼统概化。想要制定出好的制度,一定要避免以下问题的出现。

1. 紧抓重点,切勿颠倒

如果制度条文中列举许多不重要的内容,势必会削弱制度中重点内容的分量。比如,针对员工业绩考核的制度,却更多地强调业绩考核的重要性,就是本末倒置。正确的做法是,只需将业绩考核的关键指标列出来,公布考核流程,要求员工按照标准做就行了。

2. 简明扼要,切忌啰唆

制度条文必须简明化,几个字能说清楚就不要用一个长句。比如,某纺织厂的《安全守则》中第三条:"公司厂区内不得燃放可燃性或容易导

致燃烧的器具。"这句话就不够简明，难以记住，其实这句话的意思就是——厂区之内，严禁烟火。

3. 内容具体，不要笼统

简明要建立在说清楚的前提下，过于简明容易造成误差。因此，制度条文必须具体，消除理解上的误解，减少执行中的偏差。所谓具体，指的是公司希望员工怎样做，如果员工不这样做，会受到怎样的处罚。比如，"禁止吸烟，违者必罚"，就不够具体，如果改成"禁止吸烟，违者罚款100元"，效果就会好很多。

1.6.2 必须完善的七项规章制度

好的制度必须包含七个方面的内容。

1. 入职

这是制度管理的第一道关口，有三点隐藏的风险需要注意：

（1）防止出现就业歧视。年龄、身份、性别、地域、学历等歧视现象。

（2）把好入职体检。需有正规医院出具的体检报告，防止产生后续纠纷的可能。

（3）明确录用条件。如录用条件不明则公司不能行使录取解除权。

2. 岗位责任

调岗是岗位制度中的难题，可以采用岗位合同和竞聘上岗相结合的制度，实现岗位调动。具体操作方法是，将劳动合同期限分割为若干个岗位合同期限，岗位合同期满，实行竞聘上岗制度，不能竞聘上的进行调岗，重新订立新的岗位合同。实行这种制度的前提是有绩效考核的规范化和公开性，因为员工的绩效考核结果是对其考察的直接依据。

3. 薪酬

需要注意薪酬的构成和薪酬的激励性两个要点。薪酬的构成可以采用"三结合模式"，如图1-16所示。

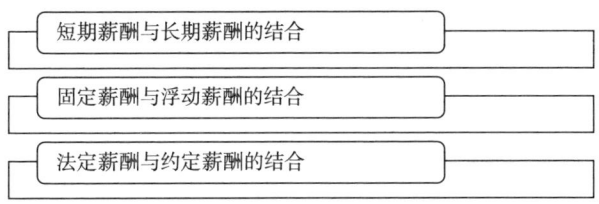

图1-16 薪酬构成的"三结合模式"

薪酬的激励性必须要做好薪酬的市场调查和薪酬层次分配。市场调查立足于制定有行业、区域竞争力的薪酬数额,从而吸揽优秀人才;薪酬层次分配,着力于建立薪酬的内部竞争体系,激励员工上进心,保持公司的发展活力。

4. 考勤管理

考勤关系着员工的工作时间、加班次数、工资发放、日常管理等,要避免出现以下三种错误:

(1) 多种考勤方式共存。任何公司都只有一种考勤方式,以减少因工作时间不明引发的纠纷。

(2) 休息时间规定不明。要明确休息时间,最常见的是将工作时间规定为上午8:00~12:00,中午休息1小时,下午13:00~17:00。

(3) 考勤记录缺乏签名确认。建议将电子考勤记录定期交由员工签字,确保考勤记录真实、合法、有效。

5. 休假

通常公司设计的休假包括:产假、病假、事假、年假、探亲假、婚丧假,可以通过休假制度对休假员工予以约束。规定休假的审批流程和事由说明,并规定休假期的薪资安排。完善销假审查制度,对员工请假类型、请假时间、请假材料在销假时予以汇总,并建立审查机制。如产假销假后需提供医院相关证明、探亲假销假后需提供路程车票。

休假中病假是最为特殊的一项,因为具有不确定性。现实管理中"泡病假"的情况比较严重,因此病假管理制度亟待严抓。病假申请需实行审批制度,按照病假长度设置不同的审批权限。未履行病假申请程序的视为旷工。在员工销假时应向公司提交相关医疗票据、诊断证明、病历等材料。将虚假病假视为严重违反规章制度,增加员工"泡病假"的成本。

6. 处罚

惩处制度是公司规章制度的重点,设计时需注意以下两点:

(1) 过错累计制度。可以建立警告、记过、记大过、解除劳动合同等阶梯式惩处方式,如图1-17所示。既能保障员工工作条件的宽松,不会苛责员工,又能保障惩处制度的运作,起到震慑作用。

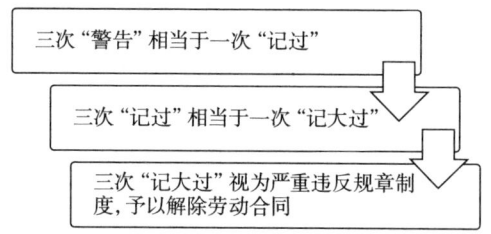

图1-17 惩处制度中的过错累积制度

(2) 预先规定损失赔偿计算方式。公司应在制度中明确哪些情况下员工因个人原因造成公司损失的需要承担赔偿责任,并规定损失赔偿的计算方式。

7. 离职

不能简单地将《中华人民共和国劳动合同法》中关于离职的规定罗列作为公司处理员工离职的依据,这种操作方式有失柔性。所以,应该采用更具柔性的处理方式:

(1) 建立离职谈话制度。由部门主管或HR出面与离职员工进行单独谈话,了解员工离职的真正原因,争取通过调解的方式化解员工离职的情绪。

(2) 建立离职员工信息登记制度。离职员工也是公司的资源,因为离职员工对公司熟悉,属于特殊的人力资源。可以对离职员工进行定期回访,了解离职员工的状态。

(3) 设立离职员工帮助制度。包括提供再就业信息、办理社保档案转移等。通过帮助制度，一方面缓和离职员工的冲突心理，另一方面重铸离职员工对公司的感情，方便日后的可能性合作。

1.7 企业文化：不可忽视的基础建设

企业文化是价值观体系的展现，是关于公司未来发展的系统思考。思考企业生存与发展空间，思考企业的发展方向，思考自身与对手的差异化竞争之所在，思考企业的价值取向。

将企业文化作为顶层设计，以下三个方面就必须要做到位：

（1）使命、愿景和战略，构成企业的事业基础。顶层设计里最主要的是以事业为基础，使命、愿景、战略围绕事业展开，成为一个整体化的逻辑。

（2）结构跟进。围绕事业基础，组建与之配套的组织结构、治理结构。如掌管控制、经营理念、机制制度，等等。

（3）考虑用人。选择怎样的人才来实现事业，关系到企业的发展。所用之人必须要符合企业的价值观。

1.7.1 企业文化落地——"人的激活"

企业文化的执行者是人，将每个人纳入到企业文化中，才能实现企业文化的落地。

☞**价值观行为改进**

如何让员工的行为能够符合企业价值观？可以运用"价值观考核"的方法。具体是将公司的核心价值观直接变为行为标准，并分为不同等级：不合格、合格、良好、优秀、非常优秀，每年对员工进行价值观考核。

需要注意的是，施行价值观考核的关键不只是想要考核员工，而是去应用考核结果。比如规定中层管理人员必须达到"良好"以上。阿里巴巴的做法是在各类评选中,将价值观和绩效考核的分数各占50%。曾经有个团队业绩做了200%,但价值观考核为0,最后该团队的奖金分配资格被取消。

因此,这个方法主要被用在行为改进上,让员工的行为与公司价值观标准保持一致。

☞**管理者四象限**

如何打造管理层队伍?推荐使用"管理者四象限"方法。该方法中,对管理者的考核只有两个指标:业绩和品德(价值观),并在四个象限内进行交叉展现,如图1-18所示。

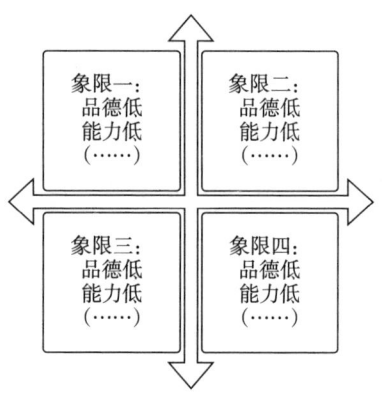

图1-18 管理者四象限

每个象限中的省略号是考察管理者的具体项目,填什么可根据公司现状自行决定。每年管理者的业绩与价值观考核,都可以在这四象限中体现。

面对不同的岗位、层级,会有不同的安排。比如,某人处于第三象限,非常会做业务,但价值观与公司标准不一致。怎么办?可以对其价值观进行培训,如果还不行,还可以轮岗、转岗,最后才是下岗。

1.7.2 企业文化落地——"组织优化"

企业文化能否被树立的重要标准,是看整体组织的运转情况,若整个组织都在坚定履行着企业文化，就表明企业文化真正落地了。

☞ **价值观与机制匹配——流程的顶层设计**

当前很多公司面临的情况是：流程太长，而且越是发展流程越长。那么，如何从流程里抓绩效？这就涉及到基于流程的顶层设计，应从以下三个方面去分析研究：

（1）从价值链的角度分析公司的管理功能设计和运营状况。

（2）从流程规划的角度分析公司各部门、岗位的设置是否存在问题。

（3）从使公司高效运转的原则出发，分析和评价公司运营的实际效果。

但流程在实践中总会打折扣。因为大多数公司无法像华为那样，将流程倒过来，以客户为中心、为起点，而是传统地以管理者的职能为流程推动点，上级不点头，下级不能动。对于流程打折扣的现象，我们要做的是在现有基础上解决问题，毕竟流程绩效对流程设计的实际效果是有帮助的。

☞ **价值观与机制匹配——人力资源的顶层设计**

人力资源的根本目的是什么？是稳定、激活，还是大锅饭？或是有限度的激活？现实中的企业管理者都希望是有限度的激活。

虽然管理者都希望自己的团队像狮子一样去拼搏，但这就势必要激活全部的人力资源能量，这种局面听起来不错，却有着失控的危险。因此，管理者们会倾向于选择有限度的激活，即便如此对于文化落地与人力资源顶层设计方面来说，仍然能发挥着很大的作用。

如何进行人力资源的顶层设计？应遵循价值创造、价值评价与价值分配体系，具体内容如下：

（1）建立以能力为核心的人力资源机制与制度体系，驱动员工全力创造价值。

（2）建立科学系统的全面价值评价体系，使价值分配有据可依、有法可从。

（3）建立多元、动态的价值分配体系，实现全面薪酬激励。

第2章
撑起百亿市值的商业模式，这样设计

商业模式是一种客观存在，有了它不代表一定能百分之百地创业成功，但创业者建立自己的商业模式却是必要的，因为没有商业模式就一定不会成功。世界上所有的成功企业无不具有自己独特地成功商业模式，助力企业撑起了价值百亿、千亿元的庞大商业帝国。

2.1 商业模式：从一亿到百亿估值的运作秘密

2018年4月，阿里巴巴联合蚂蚁金服务对饿了么完成全资收购，估值达到了百亿美元。几个月前。饿了么收购了百度外卖，实现了自身扩张，再往前推到2014年5月，饿了么成立四周年时，估值金额达到了1亿美元。

也就是说，有一种神秘的力量让投资者相信，仍处于成长阶段的饮食服务行业，在短短几年时间里估值翻了百倍。这种百倍增速背后隐藏着什么样的运作秘密呢？

2.1.1 交易结构

商业模式的本质是在一个有共同愿望的前提下，一群利益相关者把自己的资源能力拿出来，进行一定有效投入，形成一个交易结构。这个交易结构在主导方的运营下持续交易，会不断创造出新的、更大的价值，此时每一方会按照一定的盈利方式去分配总价值中属于自己的那部分。如果每一方分到的价值超过了前期投入的成本，这个交易结构就会越来越稳固。在此基础上，会刺激各方继续增加投入，以期获得更大的收益。

在过去，交易结构并不受重视，如今则因为技术进步导致了交易成本的变化，使得重新构建不同交易结构的可行性被无限拉开了。正因如此，我们才能看到昨天还默默无闻的公司，今天就名声大噪；刚刚成立不久的公司在几轮融资后已经成为行业领航者。这种令人眩晕的操作都是拜交易结构的重新构建所赐，让经营突破了资金、时间、技术、空间等因素的限制，成为可以自由发挥的事情。

我们构建了一个商业模式模型，从六个不同的维度去分析交易结构，如图2-1所示。

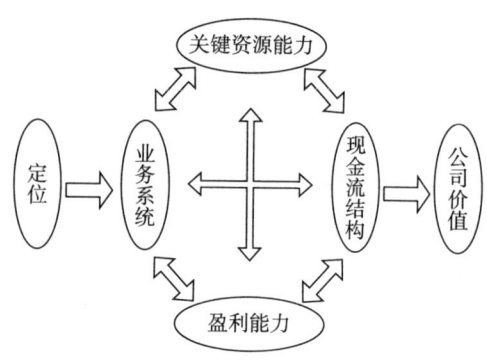

图 2-1 商业模型的六个要素

（1）定位：公司满足用户需求的方式。

（2）业务系统：公司选择哪些行为主体作为其内部或外部的利益相关者。

（3）盈利能力：与利益相关者共同划分的收支来源和相应的收支方式。

（4）关键资源能力：支撑交易结构背后重要的资源和能力。

（5）现金流结构：公司现金流流入的结构和流出的结构。

（6）公司价值：未来净现金流的体现。

2.1.2 制定商业模式画布

每个公司都有自己的商业模式，不论是成功的还是失败的。在寻找融资的过程中，很多经营者会很自豪地对外说："我公司的商业模式是……"但说得再详细，不如直接看更加清晰明了。因此，建议采用商业模式画布的形式。

商业模式画布的概念由瑞士创业作家亚历山大·奥斯特瓦德和学者伊夫·皮尼厄联合提出。准备一张 A4 纸，将商业模式以商业画布的形式直观地呈现出来，如图 2-2 所示。

商业画布由九个构造块组成，每个块代表商业模式一个关键的元素，在其中填写现实中反应的数据、状态或实际情况，得到真实的结论，就是

第 2 章 撑起百亿市值的商业模式，这样设计

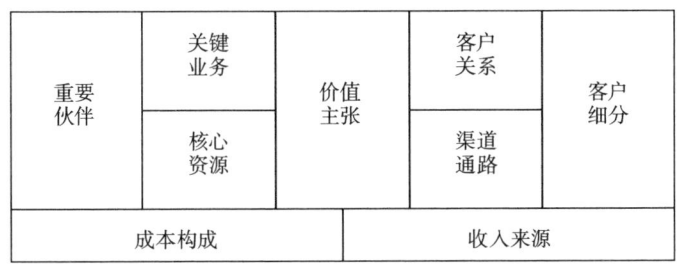

图 2-2 商业模式画布

商业画布的作用。

1. 三个构造块是基础搭建类

在"重要伙伴"中填写能够让商业模式有效运转所需要的供应商与合作伙伴，并将这些合作者组合成一个紧密的网络。有了合作者，就要明确做什么，因此在"关键业务"中填写公司必须做的、可确保商业模式运行的最重要的事情。然后还需要得到资源的保障，就要在"核心资源"中填写能够保证商业模式有效运转所必需的最重要资源。

2. 四个构造块说明公司与用户的关系及用户在运营中的作用

先用"价值主张"明确公司能为用户创造的价值，包括产品和服务。好的价值主张应直击用户痛点，精确选择市场、定位目标用户群体，因此涉及到"客户细分"，填写公司想要接触和服务的目标客户。要对所处市场精细化分，争取成为头部、形成碾压性优势。定位目标客户后，要考虑如何向用户传递价值，可以在"渠道通路"中填写公司接触和服务用户的主要通路。还需要对"客户关系"进行打磨，也就是公司与相同目标客户应该建立怎样的关系。

3. 两项构造块总结成本和收入

有了上述结构的支撑，最后就是核算运行商业模式所需的成本，和商业模式运行成功后能得到的收益。因此，在"成本构成"中填写运营一个商业模式所引发的所有成本；在"收入来源"中填写公司通过对每个用户或用户群体的服务所获取的现金纯收入。

最后强调一下，商业模式画布的九个构造中的每一块，都不是只有一种可能，而是有着成千上万种其他的可替代方案。优秀的商业模式就是将各块中的最佳方案集合在一起，组成最优质方案。

2.2 成功的商业模式是主导价值链

某煤炭公司，生存状况依靠煤炭价格而定。煤炭价高，日子好过，煤炭价低，日子难过。老板要"扩展商业模式，提升公司价值链"，开始投资副业，他先去做煤化油，结果砸了大钱最后却亏了本；接着老板又去开发化工产品，但在成熟的化工行业显然是不乐观的。

其实，这位老板根本不明白什么是商业模式，什么是价值链。一味地认为只要扩展业务就能形成"链"，最终他设计的"链"将公司锁死了。

2.2.1 商业模式和产业价值链

哈佛大学商学院教授迈克尔·波特在其1985年出版的《竞争优势》一书中提出了"价值链"理论。他认为，公司可以被看作是一个由管理、设计、采购、生产、销售、交货等一系列创造价值的活动所组成的链条式集合体，所从事的处于该链条上的每一项活动都会产生成本，同时也会带来一定的价值增值。

而公司与相应供应方和需求方的关系，分别向其前、后延伸就形成了产业价值链。由于各产业的技术特点不同，相应的各产业都有其结构独特的产业价值链，而处于产业价值链上的每个公司就是一个产业环节。

也就是说，任何一家公司想要获得快速发展的机会，都不可能孤立、分散地处于产业价值链条之外，而是必须依赖在其产业价值链条中。其在所属产业内的各种活动和影响力，可以反映出该公司在所处产业价值链中的地位。

就像苹果公司，没有自己的生产车间，而是在设计完成后交由与其合作的下游公司（比如富士康加工成品，台积电代工芯片）进行生产。

2.2.2 确定盈利方向，构建盈利模式

在一定的产业环境下，产业价值链是公司面对的外部环境，通过价值链的分析，公司可以明确自身在产业链中的定位。通过认清自己的定位，就能最大程度地选定目标用户。

产业价值链的分析，还可以使公司认清所在产业链上的与外部的合作模式，以便发掘更多的潜在用户。这里的用户是广义的概念，不仅仅是与公司直接连接的最终端的用户，而是产业链上的成员都可以成为公司的潜在用户，如图2-3所示。

```
A       B  D       E  G       H
●─[供应商]─●─●─[运营商]─●─●─[用户]─●
              C             F
```

图2-3　价值链确定盈利方向

图2-3是以通讯行业为例。在一个通讯产业链上，除了供应商、运营商这些大型盈利点之外，从A到H都可以盈利，它们或者是原材料供应商，或者是售前、售后服务，或者是物流、交换平台，或者是计费收费系统，所有这些形成一个产业链上的同盟，针对每一个用户都可以形成一种盈利模式。因此，价值链的研究对于公司结合自身条件，确定盈利方向至关重要。

2.2.3 确定盈利、渠道、组织模式

确定了目标用户，就可以设计盈利模式了。为体现产业链的价值，盈利模式应当以产业链共赢为前提，合作伙伴和用户都需要价值满足。而实现价值满足的保障是盈利模式的设计合理并成功，否则利益受损方就会采取对自己有利的方法，最终损害整个产业链。

进行渠道模式设计的目的是锁定用户，这对任何行业的具体业务的商

业模式都尤为重要。若能得到用户的认可,商业模式就成功了一半。

最后,商业模式还需要公司内部组织结构的支持,需要进行组织模式的设计。组织模式不仅要高效有序,还要能够快速对市场需求做出反应,并进行持久性的用户关系管理。因此,组织模式是商业模式成功的必要保证。

对树形商业模式分析模型进行修正,就可以建立商业模式的分析流程,如图2-4所示。

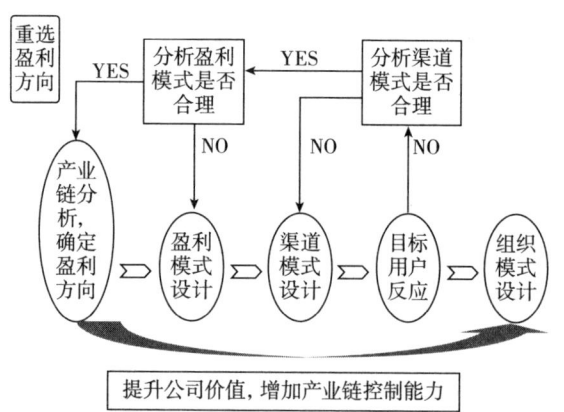

图2-4 商业模式分析流程图

从产业链的分析出发,设计盈利模式、渠道模式,接受市场的考验。若市场反应好,则进行组织模式的设计,以提升公司价值,完成一个商业模式的设计循环;若市场反应不好,则逐步分析是盈利模式出了问题,还是渠道模式出了问题,然后重新设计商业模式。

2.3 估值要跟着公司的盈利模式走

美国商业学者迈克尔·拉帕认为:"盈利模式最基本的意义是做生意的方法,是一个公司赖以生存的模式。盈利模式确定了公司在产业价值链中的位置,并指导公司如何赚钱。"美国著名投资商斯蒂芬·罗伯森有一种更形象的说法:"盈利模式就是1元钱在你的公司里转了一圈,最后变成了1.1元,这增加的部分就是盈利模式所带来的增值部分。"

将1元钱变成了1.1元,不仅预示着成本增加那么简单,更加预示着公司的盈利模式是正确的。而公司的估值与其盈利模式是分不开的,有正确高效盈利模式的公司一定具有广阔的增长前景和令人兴奋的高估值。

2.3.1 成功企业盈利模式的启示

阿里巴巴的盈利模式:通过网站为国内外客户整合了所有分销渠道和市场机会,并将这些展示空间所获取的信息流转变为强大的收入流,注重强调增值服务。

苏宁电器的盈利模式:基于SAP(企业管理解决方案)系统与B2B供应链项目,通过降低整个供应链体系运作成本、库存储备,为客户提供更好的服务,实现营收。

携程的盈利模式:通过与全国各地的酒店、各大航空公司合作实现规模采购,大量降低成本;同时通过用户在网上订客房、机票积累客流,客流越多携程的议价能力就越强,其成本就越低,用户流就会更多,最终形成良性增长的盈利模式。

对上述公司的盈利模式进行梳理后,不难发现成功的盈利模式具有以下几个特征:

(1)可盈利性。盈利模式就是要盈利的,盈利的原因必定是满足了用户的一项或多项需求,与用户进行了商品和货币的交换。

(2)可持续发展性。成功的盈利模式要有应变性,能适应市场的变化,发现不足能及时修正、转型。

(3)可借鉴性。只要是模式就可以被模仿甚至复制,只要把握住创造和采用的核心特点。

2.3.2 借助体验开启的免费模式

打体验牌已经不算是新鲜的营销模式了,但确实屡试不爽。比如,现实中很常见的"免费体验1个疗程""免费洗车""免费汗蒸体验一星期""免费试唱"等猛烈趋势丝毫不减。作用大吗?当然大,因为有一个强大的后端——让客户体验到产品效果。让用户花钱来体验总归是难了些,能吸引来的用户量也会少很多,所以干脆免费一段时间,将大量用户吸引过来,只要人来了,后续有很多办法将散客变为常客,进而转变为忠诚客户。

仅靠商家自己的免费还难以聚集大量的客户,还需要客户之间的扩张式宣传。比如,转发朋友圈,集齐20个赞送一份榴莲;带来一位新顾客看房源或者在样板间试住体验,房价每平方米减200元,若所带之人最终签单,带领者可每平方米再减400元。这些都是很经典的做法,都是在前期花钱,但能吸引到新的顾客,也能让顾客有更多的热情参与到帮助商家宣传中。转发朋友圈可以扩展大量潜在客户,而带他人看房则可以更精准地吸引到新客户。

毫无疑问,这种靠体验的免费模式是划算的,有了大量的潜在客户垫底,再通过各种营销方式展开促销活动,才能更有收益。

2.3.3 三方合作模式

所谓三方合作模式,表面看不是正式合作,但其本质就是合作,这是一种羊毛出在猪身上的商业模式。

比如,一份报纸的成本差不多5角钱,而订阅用户包年只需100元,平均每份不到5角,连成本都收不回来,为什么这种模式可以一直经营下去呢?因为报纸的盈利模式不只有单纯的售卖这一种,而最大的利润来自第三方——那些报纸上的广告商家。这就是为什么很多电视台花高价买一些影视或电视的播放权,而且是独家播放权。为什么百度能够对网民提供免费而高效的搜索服务？也就是基于这种第三方埋单的模式。

如果报纸的例子感觉有些古老，那就举个新颖的微信公众号的例子。你是否明白，那么多人做公众号，每天更新非常多的文章，而且是免费提供给所有用户，他们图什么呢？答案很简单，因为能赚到钱，而且还很客观。

如果是好的文章，用户会浏览、收藏、转发，就会带来流量。公众号会因为被关注的文章越多而获得足够的流量，此公众号的所有者也会跟着火起来。然后就有商家主动找上门来，商谈接入广告的事宜。目前的行情是，大约10万粉丝的订阅号，一条广告的费用差不多是5000元。一个月接20单广告是没有问题的，就有10万元的收入。不要感到惊喜，在我身边这种月赚10万元的人非常多。

看明白了吗？这就是三方合作模式，一方负责制造流量，一方在有流量的平台为自己的产品增值，一方在流量制造者那里得到自己想要的。

2.4 用价值主张决定公司的估值高度

突破性产品的最大特征，是它们为用户提供了显著的价值。产品的价值主张是它能否脱颖而出的关键。也就是说，价值主张决定了产品的特性，决定了产品能否被用户认可，决定了公司发展的状况，也决定了公司最终的价值高度。

2.4.1 价值主张牵引用户价值

价值主张不应该只被用在打造品牌差异性的市场营销商，在一家公司经营的每个环节都需要时刻向价值主张看齐，才能最终达成用户需求。专注于让公司能真正脱颖而出的业务和活动，知道提供什么能成为用户的最佳选择，不用浪费时间、资金、精力去发展非潜在客户、做无吸引力的产品、组织无用的营销活动。

总之，产品与用户的需求保持一致，给用户提供需要的产品和服务，就能引起用户共鸣，促使用户长期使用产品，贡献商业价值。

提炼价值主张有以下三个原则：

（1）相关性：说明产品能解决用户的问题或改善用户的处境。

（2）量化值：提供产品具体的好处和收益。

（3）唯一差异性：描述了理想的用户为什么选择你而不是竞争对手。

以某移动零售服务商的旗舰产品"有赞微商城"举例，一句话阐述价值主张："全行业的移动电商解决方案——完整的在线开店、客户管理、营销推广和经营分析工具。"

分别来看看几个关键词："全行业"说明目标客户范畴、"移动电商"说明解决方案内容，后面的四个是产品和服务（解决方案）的核心价值模块。

2.4.2 从"销售主张"到"价值主张"

几乎所有有高远设想的公司都知道价值主张的重要，但却深陷在销售主张中，将两者混淆了。按销售主张打造的产品很难得到市场的认可，因为距离用户越来越远了。因此，想要实现真正的价值主张，以下几个问题必须要注意。

1. 有多了解用户的想法

很多公司不去了解用户的想法，就盲目上新产品，导致产能过剩，库存积压。其实，最佳的竞争方式是去了解用户，定位目标用户群体，针对用户需求来生产产品，这才是正确价值主张的根源。

2. 公司是以客户需求为导向，还是在销售压力下的导向

在销售压力下的导向很容易造成价格战，形成恶性循环。产品最终是要卖给用户的，用户愿意消费的永远是需要的，而且是各方面都能满足的。因此，将用户需求放在首位的公司做出来的产品，一定会受到用户长久的关注。

3. 有没有竭尽全力去实现用户的需求

用户的需求是需要全力完成的,哪怕你有一点儿不够努力,用户的行为都会很真实地反映出来。所以,别再说用户难伺候,而要反思自己是否竭尽全力地去实现用户的需求。

2.4.3 从制造平台到提供平台

对公司传统的理解是生产者、加工者,为用户提供的是完整的产品。但如今已经是平台化时代,单纯地提供产品已经不足以满足用户的需要了,还需要给用户提供平台,帮助用户认识到产品的优势。

苹果公司将硬件、软件和服务的"先拆分,再结合"就是从制造产品到提供平台的华丽蜕变,如图2-5所示。

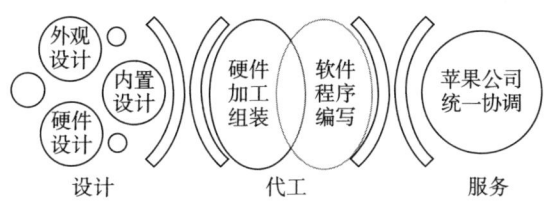

图2-5 苹果公司从制造产品到提供平台

设计由苹果公司内部决定,硬件组装成机由代工工厂完成,软件程序编写由外部各公司自行完成,服务由苹果公司统一协调。这种"软硬服结合"的平台能够帮助公司构建起一面抵御竞争对手的城墙。因此,麻省理工大学教授迈克尔·库苏马诺这样说:"苹果公司已经达到一种神奇的境界,实现了从一个产品转移到平台战略。"

2.5 不断创新，持久竞争才有高估值

如今的经营环境已经是信息化、市场化、全球化，但变化依然在激烈而快速地进行，这就要求所有参与其中博弈的大小公司要有不断创新的意识，以适应经营环境的快速变化，保持恒久的竞争力。基于这样的现实，再结合大量的成功案例分析，总结出商业模式创新的核心战略必须包括以下几个方面。

2.5.1 主动加入价值网络，形成群体竞争力

经营的核心是市场价值的实现，在价值创新的过程中实现价值创造、价值营销和价值提供，从而实现公司价值最大化。

曾经单独掌控产品、技术和渠道的时代过去了，今后的商业竞争不再是公司间的单独竞争，也不是单一线性价值链的竞争，而是多条相关价值链或不相关价值链构造的价值网之间的竞争。公司将从过去的散点状态，进入到网络节点状态，成为网络中的一员，通过相互间的资源整合和滚动创新，构成快速、可靠、便利的生产经营系统，以适应不断变化的市场环境，其最终目的是增强公司所在网络的竞争优势。

思科公司主动将自己加入价值网络链中，形成了有利于发展的商业模式，被称为"外部资源生产法"。把产品制造的整个系统通过委托设计、委托制造、委托销售的方式，从公司内部脱离出去，使之更为灵活，也更容易扩展。因此，生产能力扩大了四倍，新产品上市时间缩短了1/3，年节省开支达到5亿美元。

2.5.2 串联供应链，降低成本

在共建的价值网络中，每个公司所处的位置是不同的，有些处于上

游，有些处于中游，有些则处于下游，这就形成了一条单行或数条并行的供应链。

曾经，供应链上的生产商、加工商、贸易商与销售商等，都只从自身角度考虑各种问题，谁也不可能替上下游的其他公司考虑。但如今情况反转了，供应链上的任何一家公司，不仅要考虑自己的利益，还要考虑其他公司的利益，而且是更加在意整个产销流程的总成本，力求协调每个环节，将总成本降下来，然后实现自身的成本下降。

利丰集团在商业模式上大胆创新，公司以用户需求为中心，由"供"到"产"再到"销"，串成一个整体"链"。需要创新时，整个网络中的相关公司共同进退，整体改进，务求应市产品快速、时宜、质优、量适、价廉、利润高。

2.5.3 将非核心业务外包

外包原本只用于对专业技能的承包性合作，但如今已经渗透进公司的管理经营层。如今的企业已经不再追求大而全，更多的是要建设小而精。但是，管理层应该缩小到什么程度呢？应该如何缩小呢？哪些可以缩减，哪些不可以呢？这些都是从大到小的过程中必须要思考的问题。

建设小而精的经营层，就需要砍掉除核心业务部门之外的其他部门。这种砍掉只是转嫁性的，在公司内部砍掉，但要嫁接到公司外部去，也就是将非核心业务外包出去，交由专业性公司去打理；目的是借助外界的力量来实现更大的自身价值，争取在竞争中获得最大效率优势。

如今，外包业务已经成为大企业战略的一部分。如阿迪达斯公司，世界驰名，却未真正生产过一双完整的运动鞋，只生产其中最关键的部分——气垫系统，其余部分都是由外部供应商提供。

2.5.4 加固自身，维系长期强节点

在参与到价值网络之后，公司不能以高枕无忧的心态来面对未来，而

是要用更加严谨的态度和责任心来承担起自己的责任。毕竟随时会有后备力量想要挤进来取而代之，如果不能将自己的节点变为强节点，而是成为了弱节点，就会被其他公司取代。

想要成为强节点，公司应不断加强管理结构的建设、团队素质的培养、运作水平的规范、诚信举措的透明、制度管理的公正、产品服务的提升，这些环节相辅相成，缺一不可。做到之后，就能不断提高公司的经营素质，突出公司的主营业务，实现公司成长性持续增强，形成长久、稳定、广阔的盈利能力，最终体现在不断升高的公司价值上。

2.6 拔高利润高地，占据估值高地

"供大于求的市场，令人揪心的工价，居高不下的成本，微薄至极的利润……"这是当下许多经营者的艰辛写照，他们犹如在骇浪里搏生存，在夹缝中求安身，但现实却总难以让他们如意。为什么会这样？因为他们让公司陷入了利润洼地中……

那么，什么是利润洼地呢？

1. 饱和产业

那些抱怨产品卖不出去的经营者，是否认真环顾过所处的市场环境，它是否具有活力、是否还有巨大的发展空间、是否依然处在时代发展变革的核心中。若是不具备上述特征，说明市场已经走向了夕阳，公司的转型迫在眉睫。

2. 定位错误

定位对于一个公司从建立到成长是非常重要的。每个阶段的定位都是不同的，初创阶段、成长阶段、发展阶段、壮大阶段、庞大阶段……都有着不同的商业模式。定位搞错了，产品就得不到认可，势必会滞销。

3. 成本控制不利

成本是决定产品能否被用户认可的另一个因素，低成本的同质产品，一定具有更大的市场潜力。无法控制住成本，产品在未上市就被淘汰了。

以上三种情况，只要公司注意就可避免，但是如何拔高利润洼地呢？这就需要掌握一定的方法。

2.6.1 做第一批吃螃蟹的公司

本来应该是"做第一个吃螃蟹的公司"，但现如今的市场环境日新月异，可能同一天在同一领域就会出现数个新兴的公司，谁也无法保证你的公司就是第一，即便抢到了第一，这种优势也持续不了多久。所以，现在能做到"第一批吃螃蟹"就是成功的开始。

滴滴打车如今占据了几乎全部市场份额，其做大的根本原因是抢到了头排的好位置，虽然与摇摇招车、百米、嘟嘟、打车小秘、大黄蜂等同龄打车软件展开了激烈的市场竞争，但早来早得利则永远是市场的不二法则。

2.6.2 为用户打造产品，不是为产品寻找用户

利润来自于用户的消费，用户之所以能消费是源自于认可，让用户认可就是满足用户的购买心理，而满足用户的心理就是要做到为用户的需求打造产品。

一款按照用户的需求打造的产品，能够激起用户的好奇心理，这种好奇心理又激起体验心理，进而激起占有欲望，自然就形成了消费行为。而一款未按照用户心理打造的产品，从一开始就无法激起用户的好奇心理，自然就没有了以后。为了更好地表示用户心理的变化，下面用图示来表现，如图2-6、图2-7所示。

图2-6 用户心理的变化（一）

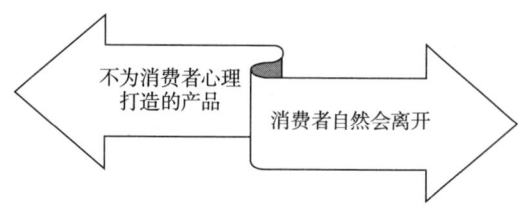

图 2-7 用户心理的变化（二）

2.6.3 研发导向型产品

导向型产品是指某种产品的设计、生产和发展趋向已经起到了一个行业的引导潮流。这一点不用赘述，能够引领市场潮流的产品自然是用户的宠儿，占据利润的高地。

苹果公司主导研发的 iPhone 系列手机就是绝对成功的市场导向型产品。iPhone 之前，手机的主要功能还是通讯，无论摩托罗拉、诺基亚、爱立信如何更新，手机并未发生质变。但 iPhone 出现后，一切就变了，手机成为了掌上电脑，功能性迅增，此后所有的手机想要占据市场的一席之地就要向 iPhone 学习，学得好的成功突围，有了领地，学得差的被无情淘汰，难觅踪影。但无论怎样学，iPhone 依然是屹立不倒的标杆，虽然价格不菲，却岿然挺立于市场中，俘获了一批又一批的拥趸。

当然，不是所有公司都有机会生产出 iPhone 这样在任何方面都绝对引领潮流的产品，但可以先在某个小的方面做好导向性。比如，红牛在饮料领域内引领了"功能性"导向，摩拜单车率先实现了随停随用的导向，虾米播放器首先开启了用户评论导向。虽然只是为产品打开了很小的导向入口，但最终成就了产品在领域内的地位。

2.6.4 开拓蓝海，避开红海

2009 年底，一位好友的电子产品专营店倒闭了。我惊讶于它的快速起步、快速发展和快速消失。究其原因起于一篇名为《中国影碟机还可以发展十年》的文章，文章说广大农村地区就是影碟机的巨大待开发市场，是

"客源洼地"。所以朋友就订购了大量影碟机，还雇用了不少员工准备大干一番，可惜农村的市场并未向他敞开，而影碟机的价格却在一路下滑。

影碟机无疑是时代的过气品，市场经济下从来不会将城市和农村划分得太过清晰，更不会让差距拉得很大，任何新型产品一经出现就会迅速蔓延到各个角落。

"客源洼地"是尚未被开发的市场，的确是需要被开发出来。但为什么一定要用过气产品去开发，而不是用新兴产品去开发呢？比如，在智能手机尚未诞生之前，广大农村地区并未普及手机，如果要去开发这部分市场，是用老式的翻盖手机好，还是用新颖的智能手机好？这是不言自明的。

2.6.5 改变销售模式，开拓新市场

当用户见惯了一种销售模式时，换一换玩法也是不错的选择。比如，青岛啤酒在公司进行战略转型期间，推行了"直供模式"和"新鲜度管理模式"，目的是为保障产品快速有效地供应。

"直供模式"是直接建立自己的销售终端。曾经，青岛啤酒公司没有自己的销售终端，都是依靠各地的散点，后来为了战略需要投巨资建立了销售网络。如今已在全国大中城市设立了一百多个销售分公司和办事处，初步建成了覆盖全国的市场销售网络。

与此同时，青岛啤酒公司还实施了"新鲜度管理模式"，即减少产品的流通环节和流通时间，严格限制各分公司和办事处的啤酒库存量。青岛用户可以买到当天的青岛啤酒；山东其他地区用户及临近省份的用户可以买到三天内的青岛啤酒；最边远市场上的用户可以买到十二天内的青岛啤酒。"新鲜度管理模式"的实施，大幅度提升了市场上青岛啤酒的新鲜度，促进了销量的增加和市场的拓展。

第3章
没有好产品,公司哪来的高估值

产品好,公司就会被用户认可,公司的价值就会体现出来,公司的估值也会水涨船高。因此,对好产品的追求应该是所有公司的唯一目标,没有其他!

3.1 具备寡头优势，估值根本不用愁

产品是公司的核心，这一点是毋庸置疑的。而公司产品的表现也决定了公司的估值表现，可以说在一定程度上，产品的好坏直接决定了公司的价值。也许有不少管理者疑惑："我的公司各方面都很好，管理制度没问题、人才机制没有问题、盈利能力也不错，但是为什么估值却比那些还未盈利的公司低那么多呢？"归根究底，还是因为产品不够出色，没有产品壁垒，也不具备寡头优势。

3.1.1 寡头产品的优势

为什么要成为寡头产品，才能获得更高估值？这是由寡头经济的特质所决定的。寡头垄断是现代社会大规模生产的客观需求，是市场机制所形成的。所以，拥有寡头产品的公司就具备了以下几个优势，这几个优势是公司获得高估值的关键所在。

1. 筹集资金优势

在筹集资金方面，具有强大的经济实力，破产风险小，因为它可以得到最低的利息、最大数额的贷款，从而保证了资金的充足。

2. 生产规模优势

因为生产规模巨大，如果没有特殊原因，都能够给公司带来规模效益，让单位产品的成本大大降低。

3. 持续经营优势

一般寡头产品已经占据了市场优势，所以总体风险较小，保证各业务的盈亏平衡，同时具备较强的应变与生产能力。

4. 技术创新优势

产品成为寡头之后，就可以给公司带来巨大的经济效益，如此在进行技术创新时就可以获得充分的资金实力，能够投入大量的研究及开发费用，让产品因为创新或优化而不断保持优势。

3.1.2 寡头产品的三种模式

纵观当下各行业的产品情况，寡头产品的模式可总结为以下几种。

1. 双寡头

又称为"古诺模型"，于1938年由法国经济学家安东尼·奥古斯丁·古诺首次提出。双寡头模式是一个只有两个寡头公司的简单模型，是指相互竞争而没有相互协调的公司的产量决策是如何相互作用，从而产生一个位于竞争均衡和垄断均衡之间的结果。该模型的结果也可用于三个或三个以上的寡头公司的情况当中。

到2018年10月，抖音国内日活跃用户（DAU）突破2亿，月活跃用户（MAU）突破4亿，并继续保持高速增长。与此同时，2018年，抖音海外版Tik Tok也在很多国家实现突破，整体国际化进展顺利，高速增长。

截止到2018年8月初，根据最新报告，头条估值大约350亿美元，抖音将独立融资，估值在80亿美元到100亿美元之间。

抖音也是成为短视频中的寡头。在最初，抖音短视频的内容只是简单的运镜、舞蹈为主，随后不到一年，抖音的内容领域就延伸到了政务、美食、人文、亲子、旅行等更多元的内容，涵盖二十类，这为抖音吸引了更多用户。此外，抖音主力用户群体，也早已经从18到24岁，上升到了24到30岁用户，该年龄段用户占比目前已经超过40%。

值得注意的是，抖音还吸引了大批政府机构和媒体平台入驻，其中包括人民网、央视新闻、国资委等权威机构。截止2018年6月，抖音上政务号相关的视频播放量已经超过16亿。这足以说明抖音短视频在未来仍然有很强的发展优势，甚至会成为短视频内长久的寡头品牌，其估值也会越来越大。

正是崛起性的发展，抖音用了不到两年就赶超了年长五岁的"快手"，形成了"南抖音北快手"的双寡头格局。APP覆盖率、影响力、活跃用户量、日均注册量上，抖音和快手都占据了前两位。

2. 弯折需求曲线

1939年，美国经济学家保罗·斯威齐提出：寡头垄断公司推测其他公司对自己价格变动的态度是"跟跌不跟涨"。

一个拥有寡头垄断产品的公司提高价格，其他公司并不会跟着提高，因而提高价格的公司的产品销量就会大大减少，而如果一家公司降低寡头产品的价格，其他公司也会跟着降低寡头产品的价格，来保证自己的销售份额不减，因而先降低价格的寡头公司的销量也不会因此得到明显提高。所以，寡头产品的需求曲线是弯折的。

高德地图、百度地图、腾讯地图属于地图行业的寡头产品，其模式是弯折需求曲线。高德地图起步较早，使用其产品需要50元费用，百度地图和腾讯地图都是后来者。

与高德地图不同，百度地图和腾讯地图采取免费模式。这种模式让百度地图与腾讯地图迅速获得了大批用户，并吞噬了不少高德地图的市场。为了保住自己的市场份额，高德地图不得不宣布免费。较量之后，三家地图行业的寡头产品最终形成均势，他们之间的竞争就是"跟跌不跟涨"的模式。

3. 价格领导模型

是指产业内一家公司先变动价格，然后其他公司就跟着定价的竞争格局，即有一个领袖公司制定和调整价格，其他公司主动跟随。如此，既可避免价格竞争，又可躲过反垄断法。

比如，某国的两家在线支付寡头产品，一家公司先提出了提现收取手续费，另一家也跟着采取了提现收取手续费。这就是属于价格领导寡头模式。这种模式的约定分为公开正式和秘密非正式的，有些国家是不允许这种公开正式模式存在的，因此，大多数公司都是采取秘密非正式的模式。

3.1.3 四个标准判断寡头产品

把产品打造成寡头产品,公司也随之变身为寡头型企业,这是有绝对竞争优势和绝对估值优势的。但要完成这一系列操作,公司就必须知道产品是否已经具备了寡头优势,可从以下四个方面进行判断。

1. 声誉覆盖

在成为寡头产品的路程上,声誉会随之积累;当坐上了寡头之位后,公司和旗下产品的声誉累积已经是同类产品与后辈产品无法撼动的。

2. 地位垄断

寡头产品的地位绝对是同类中的 NO.1,有着绝对的领袖位置,享有该产品在全球范围内的定价权和话语权。

3. 规模控制

寡头产品的规模在同行业中就是"巨无霸"般的存在,若是独霸,通常会占到同类产品 70%~90% 的市场份额,若是多家联合称霸,控制规模甚至超过 95%。这种绝对实力足以在行业竞争中能形成碾压式局面。

4. 创新引领

寡头产品的创新从来不是自身行为,而是全行业的引领行为,行业内的"小兄弟"随时等待着"大哥"的行动指示,"大哥"通过对产品的改进引导全行业的跟进。

3.2 刚需、痛点、高频——寡头产品的三个估值炸点

做产品,必须落脚在刚需、痛点、高频上。为什么要强调这三项呢?无论是大的概念,还是小的主意,或是最新技术加持的产品,最终极的检验员都是用户。产品是否能解决用户的问题,用户是否愿意购买、使用,

是检验产品的两个标准。

3.2.1 针对用户的需要提炼出刚需

用户想要的都可以称之为需求,当需求非常强烈时,就升级为刚需。

有一家做智能家居的创业型公司,从第一年起相继推出了多款智能产品,每一款的科技含量都不低。但产品小批量面世后,得到的反响却并不热烈。

是研发不够尽力吗?时间、精力、人力、物力都做到了极致。是服务不用心吗?绝对用心!是产品不精美吗?相当精美!是使用体贴度不够吗?绝对够!其实,他们做好了外围的一切,却忽略了核心——用户,他们的产品所对应的用户并没有这方面的迫切需求。

市场上每天都出现很多新产品,也会死去很多新产品,原因就是没有找到用户的需求,精确地说是刚需。

一家公司做的最不值的行为就是往一个自认为有前景、却根本不存在的市场里砸钱,投入精力、付出时间,最后公司却陷入危机。那么,要怎样做才能准确找到用户的刚需呢?

1. 不能自以为是

做产品时不要跳过用户需求,只想当然地认为用户一定会使用我们的产品。因此,不要只重视产品的材质、外形和所谓的使用体验。

2. 多做市场调查

对所服务的市场缺乏了解,就会产生不确定性,累积之后演变为一系列风险。因此,在产品开发之前,要进行各种严格假设和调研。可以从以下几个方面考虑:

(1)没有产品雏形之前要调查。有哪方面的问题亟待解决?需要什么样的产品帮助解决问题?能否给出实质性的建议?

(2)有了产品雏形之后要调查。对我们的产品有什么想法?我们的产品可以帮助解决问题吗?有什么更好的建议吗?

（3）产品上市之后依然要调查。为什么要用我们的产品？为什么不用我们的产品？用户出于什么动机选择我们的产品？

如果产品能够满足用户刚需，也能够准确击中用户痛点，就可以让产品具有商业化价值，如图3-1所示。

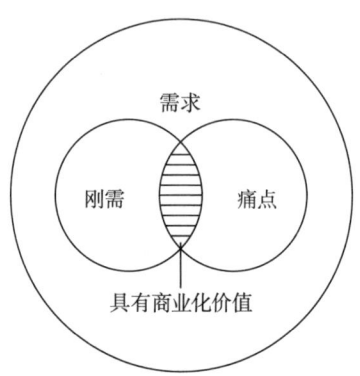

图3-1 具有商业化价值的产品

3.2.2 利用"痛点"定位图排除"伪需求"

在解决刚需时，往往会遇到阻碍，如时间、金钱、难易程度等。这些阻碍就是痛点。解决问题的阻碍越大，痛点就越强烈。

在美图秀秀之前，大部分图像处理软件（如PhotoShop、CorelDraw）都专注于提高处理图像的性能，这个时候用户使用图像处理软件的最大阻碍是什么呢？

一定不是这些软件的性能，因为PhotoShop和CorelDraw的性能已经足够好了。而是易用性和易学性，想要熟练应用这两款软件需要下功夫好好学。因此，易用性和易学性就是用户的痛点，也是刚需。要针对用户的刚需和痛点，做出一款产品来解决它，这也是一款产品的核心价值。

如何像当初的美图秀秀一样发现用户的痛点呢？其实，只要具备了基础信息，画一张图就够了，如图3-2所示。

横轴表示一个用户使用图像处理软件的全部过程：先下载，再学会使用，然后用它做图。

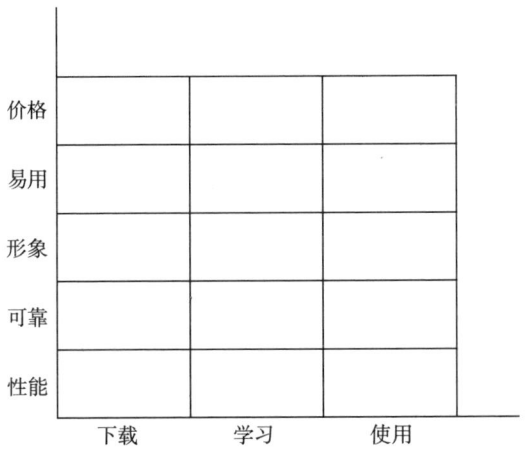

图 3-2 痛点定位图（一）

纵轴表示在使用产品的每个阶段，影响用户行为的关键因素有哪些？图 3-2 中所标识的有以下五种：

(1) 性能：这东西能不能达到我想要的效果？

(2) 可靠：是否存在安全风险？使用是否稳定？

(3) 形象：是不是符合我个人形象？

(4) 易用：是不是方便使用？

(5) 价格：需要花费多少钱？

接下来，把过去市场上图像处理软件等产品的聚焦点描成"熊掌印形状"，如图 3-3 所示。

过去，以 PhotoShop 为主的图像处理软件一直专注于提高性能和可靠性，同时能够间接地将其使用者塑造为"专家"的形象。但用户无法长久沉迷于这种感觉中，一定还有更迫切的需求在等待开发，因此不妨问自己这样一个问题：在图 3-3 中的 15 块方格内，阻碍用户的最大因素是什么？（这就是痛点）

你会发现：传统的 PhotoShop 等图像处理软件，下载、学习和使用的三个过程都不容易，不仅需要一定的知识基础，还需要耗费很长的时间，同时下载使用还需要付出费用。

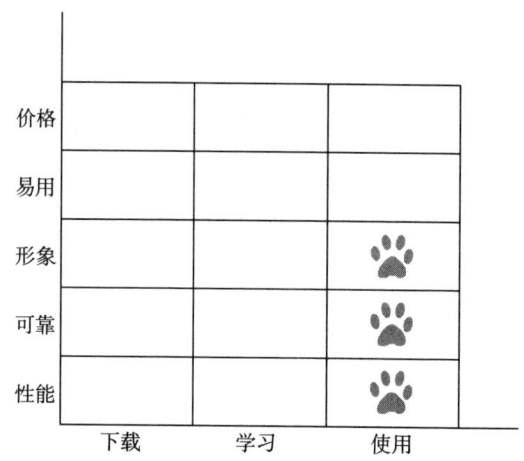

图 3-3 痛点定位图（二）

想到这些，你就可以定位用户痛点了，以"框内对号"标志代表，如图 3-4 所示。

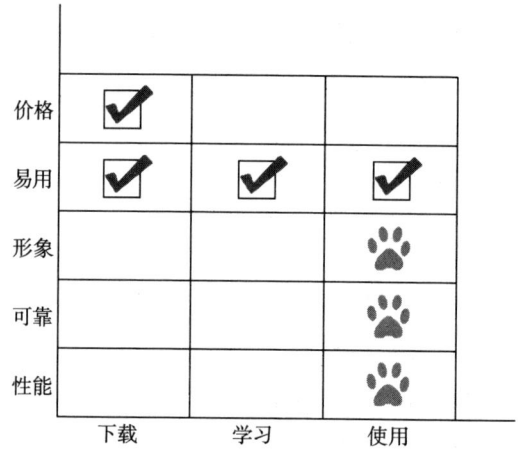

图 3-4 痛点定位图（三）

美图秀秀从下载的快速，到无师自通，再到使用方便，再加上下载使用都免费，全方位解决了客户的所有痛点。

3.2.3 解决经常出现的痛感问题，就是高频

许多公司在做产品时，经常会想象出一种场景，这个场景在现实中确实出现过，但出现的概率并不大，导致使用者感到产品很"鸡肋"。比如，上门开锁，是不是刚需？肯定是。是不是痛点？绝对痛。但是发生的频率很低，在这种情况下，若是围绕这种刚需和痛点研发产品，就很难凝聚用户。

某公司在2015年开发出智能家居的安防套装，主体包含一个网关、门窗感应器、红外动态检测器、紧急按钮等设备，主打的是安防报警，由传感器设备感应，通过网关设备，通知配套使用的智能家居APP，起到安防报警使用的作用。后来产品面市，没有引起任何反响，因为很多人的反应是"这套东西并没有什么用，纯粹就是个摆设"。

我们可以替潜在用户问一问这家公司：我为什么要购买这套设备？这套设备对我来说是很迫切的需要吗？我购买这套设备的动机是什么？

如果你说是为了安全。家庭安全是刚需，影响家庭安全的状况是痛点，但在日常生活中被入室偷盗的概率是很小的，大多数人一生都不会有此遭遇。为如此低概率的状况买一套设备，对用户来说并不是必须的。

由此可见，仅满足用户的刚需和痛点仍然不够，还需要考虑使用的频率。大多数用户根本不会在一个"没什么用"的东西上进行投入。

3.3 没有差异化的产品很快就会死

"在这一整年的智能硬件设计开发中，大到智能产品的使用功能、材质选择、制作工艺、APP设计，小到产品包装、说明书颜色等，我都结合了市场上最受用户欢迎的元素，按理说即便产品不能多好，也不该太差，可是现实太惨了。"

这是一位创业失败的朋友的讲述。他失败的原因在于产品没能实现差

异化。他认为集合了所有流行元素的产品就是好的，但同质化的竞争只能将产品挤进死胡同，最后窒息而亡。

3.3.1　实现产品差异化需从四方面入手

公司做产品必须避免同质化，尽力做出差异化。可以从以下四个方面考虑。

1. 产品战略和大方向差异化

从大的方向解决产品差异化，后续细化产品工作就好做了，说简单点，就是开辟空白市场。比如，互联网的东西逐渐介入传统领域，弥补互联网的空白业务领域。

2. 产品定位

如果产品方向上没有差异化的可能，可以考虑重新定位产品。比如，都做汽车服务市场，A 定位做洗车和装饰，B 定位做维修保养，C 定位做改装配件。

3. 产品功能

产品功能差异化更多体现在工具类的产品上。比如，美图工具、拍照工具，从滤镜功能和美化功能上形成独特性。

4. 产品运营

用户因为各种原因都有着各自的习惯差异化，做产品运营时就要考虑到这一点，不能千篇一律。

3.3.2　在产品核心功能中加入差异化

在市场中，产品的竞争离不开核心技术的竞争。因此，在产品研发时就应该设定走差异化的路线，而这种差异化必须体现在产品核心功能中，如图 3-5 所示。

图3-5 产品核心功能差异化

1. 技术上的差异化

产品差异化也是技术革新的表现,因此要时刻关注世界同类产品的技术走向,也要关注同类行业的发展动态。及时利用科技给用户带去从未有过的体验,这是最好、最核心的差异化方式。最为典型的就是苹果智能手机与同类产品的差异化,不仅自己脱颖而出,还成为导向型产品,引领时代。

2. 功能上的差异化

要根据用户的不同需求,提供不同功能的产品给用户,让用户根据自己的需求选择产品。比如,汽车行业的顶配、中配、低配的概念,在产品中增加一些功能就是高档产品,减掉一些功能和配置就是中低档产品。

3.3.3 在产品形式上做出差异化

还可以在产品的外部形式上做出差异化。比如以下几个方面,如图3-6所示。

图3-6 产品形式上差异化

1. 优化产品形象

形象出众的产品可以在众多同类产品中迅速引起用户的关注。这个过程中,公司要通过各种手段不断提升和塑造产品形象,突出产品个性,创造产品形象差异优势。

2. 提高产品质感

也可称为产品质量，比如适用性、耐久性、可靠性、安全性等。还包括用户对产品的主观感受，满足用户特定需要的能力与预期之间的差距。

3. 优化包装

一个差异化的包装，可以迅速在视觉上引起用户的关注，让用户产生更深刻的记忆。

3.3.4 在产品附加层面上增加差异化

产品附加层面的差异化包括服务差异化、价格差异化、分销渠道差异化、促销差异化等。若在这些方面能更具特性化，更好地满足用户需要，同样也可以占领市场。

海底捞就在服务差异化方面做出了表率。海底捞承诺自己卖的从来不只是食物，还有服务。比如，用户等餐时有免费的小食品享用，还可以免费美甲、擦鞋。用餐过程中的服务更加妥帖，服务员不仅随叫随到，还会帮助照顾小孩。用餐过后的服务有赠送停车费用、赠送小礼品等。

服务无止境，海底捞提供的服务依然在不断创新，目的就是为了实现差异化，更好地满足用户需求。

3.4 体验决定销量，销量决定估值

用户和产品之间进行交互的过程中，产生的态度和情感反馈就是用户体验。做好用户体验已成大势，缺少体验的产品是难以吸引用户的，只有让用户在体验中得到欲罢不能的感觉，产品才不愁销量。而评估公司价值最直观的标准就是产品的销量，这是做大公司估值的基础。

3.4.1 从六个方面做好用户体验

每天新上线的 APP 有很多,但每天死去的 APP 也很多。这些死了的,基本都是在上线一个月内就消失了。怎么会这样?是产品设计不好吗?我想任何一款商品只要上了市场,都不存在设计不好的元素,因为没有人会将半成品推向市场。但是,这些被设计者高度认可的"好产品"却很快就死了,除了竞争激烈之外,更重要的原因是没有足够优秀的用户体验来留住用户。结合现有的研究和已经获取的经验,我们总结出了产品体验的六个关键点。

1. 易用性 + 有用性

美国设计领域著名学者多恩·诺曼所著的《设计心理学》系列教材中,有"良好的设计通常都会具有易于发现和易于理解两个特性"的经典论述。

没有一个用户不希望自己所使用的产品是简单易学的,所以现在的产品基本都不需要说明书了。易学就说明易用,如果易用再加上有用,这款产品就会被用户接受,如果再加上其他一些辅助功能,就会得到市场的认可,如图 3-7 所示。如美图秀秀,功能简单实用,任何人都可以轻松上手,还不用登陆,用户用着很是惬意。

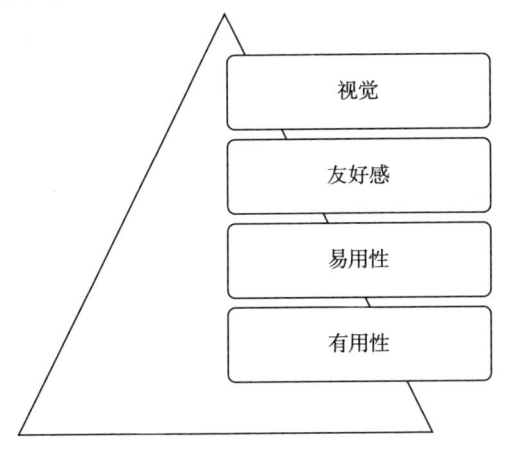

图 3-7 用户体验的四个层级

2. 必不可少的独特性

产品投入到市场中，竞争是永远的主旋律。但竞争的级别却不同，有些非常严峻，有些则很是轻微。市场是公平的，竞争形势严峻的产品死亡率超级高，竞争形势轻微的产品死亡率极低。造成这种差异的根本是产品的独特性，想给用户带去愉悦的体验，除了要满足用户的需求，还要让产品拥有足够的特性，确保从竞争中脱颖而出。

7-ELEVEN便利店的成功不仅是因为售卖的东西精美，价格合理，更重要的是便利店里能够提供用户所需的很多服务，如雨天借伞、手机充电、物品存放、垃圾丢弃，等等。

3. 帮用户省钱

用户消费心理中，省钱是绝对不可排除的因素。所以很多免费产品一经推出，立即占据市场。360杀毒之所以能异军突起，就是源于其全免费的经营模式，不要钱随便用，效果还很好，那谁还用其他要钱的呢？同样，2018年3月份，哈罗单车宣布在全国施行免押金骑行。到5月，哈罗单车的注册用户增长了70%（近七千万），日骑行订单量翻倍。

4. 契合用户的需求

按照用户的要求有效地满足用户对产品或服务的期望值。公司要预测用户需求、引导用户需求、挖掘用户需求，实现的关键在于通过前瞻的判断、超前的眼光、科技的手段对用户加以引导。而且，用户的要求是多样化的，要进行筛选，针对用户的需求实现差别化、个性化服务。

5. 让用户参与进来

好的产品体验离不开用户的参与，但用户能参与到什么程度，却不是每个公司都清晰明了的。正确的做法是让用户在经营过程中占主导地位，也就是将用户前置，参与进产品或服务的设计、制作、定价的过程中。

戴尔公司的整个设计、制造、销售过程都紧紧围绕着用户。从电话拜访开始，与用户面对面交流或通过互联网沟通，征求用户对设计、制造和服务方面的意见。

6. 将产品的设计预期转化为购买率

任何一款产品在设计之时都会被设计者进行一定的购买预期设定,通常能够响应设计者预期的用户占总人数的百分比,就会成为购买转化率。在互联网时代,最典型的购买转化率是,购买产品的用户数所占打开电商网站的用户总人数的百分比。

通过分析用户消费行为和用户离开产品的原因,唯品会找准了用户喜欢名牌但又渴望打折的心理痛点,提高了转化率,实现了野蛮生长。

3.4.2 实现产品与用户的贴合度

方便使用永远是用户对产品体验的第一关。再好的产品如果用起来不方便,用户也很难有耐心坚持下去。所以必须将产品的易用性最大限度地体现出来,这考验着产品设计者的功力。

其实,很多公司在做产品时考虑到了易用性这一点,但经过认真观察发现用户在使用时总感觉差一点,针对这一点进行改进,用户体验就会大幅度提升。

当年注册 eBay 账户,到第三步时,会有这样一句话,"您只要在邮件里确认一下就成功了"。这是一句并不长的话,但在当下的时代,人们就连看这样一句简短的话的耐心都没有了。很少有用户认真去读,都是以扫描的方式,一眼就扫过去了,主观地认为自己已经注册成功了,不会再去确认了,然而注册并未真正成功。因此,给用户带来了不好的体验。

后来,eBay 将那句话改为"快要成功了"。字体加大,想看不到都不可能。用户一看,明白了自己还没有成功,还得继续。所以,这一点微小的改动就让 eBay 提升了 10%~20% 的注册率。

3.4.3 极致用户体验离不开对用户的研究和分析

进行用户研究及竞争分析,可以采用专家评估的方式,主要分为产品功能需求、使用测试、交互操作体验、视觉体验等。从市场相关产品中圈定一些必须或有必要考查的角度，从中发现有价值的线索，快速提炼出产品的主要问题和改进方向。

售后与用户交流不可缺少，目的是为了了解用户的特征、行为方式、行为习惯、行为心理、情感因素，以及对现有产品的态度、需求和期待。

还可以进行"1对1"用户深访，针对产品目标用户的特征，招募一定数量的被访用户，可选择在用户家里、公司实验室或者其他相关场合实施访谈，每次访谈大约一个半小时。

蜘蛛网电影票就是在对目标用户进行了大量而翔实的分析之后，得出了经营准则应为：能用→易用→好用，核心业务应该是购票流程。

现在，我们以表格的形式表现蜘蛛网电影票对用户的调查分析结果，如表3-1所示。

表3-1 蜘蛛网电影票对用户调查分析的结论

优点	1. 蜘蛛网APP购票功能基本是完善的。 2. 能抓住用户需求点，所有功能点均围绕购票展开，定位明确。 3. 使用的方便程度上基本得到了用户的认可。 4. 创新的"约影模式"有利于增加用户黏性。
缺点	1. 产品功能结构略有乱处，快捷入口功能缺失，页面层级较深。 2. 页面信息分类尚欠合理性。 3. 对于空白内容界面的细节处理得较差。 4. 社区互动性显得不足。
建议	1. 进一步明确用户群体，针对性地对产品进行更细化定位。 2. 在产品易用度上下功夫，强化社交互动为首要目标，增加快捷入口，减少层级深入。 3. 页面信息分类合理性必须加强。 4. 做精细化运营，添加电影周边，给用户提供一站式体验，从而沉淀客户，增长业务链。

3.5 不创新→不迭代→不优化→不值钱

产品创新永远是公司发展的主旋律,因为产品是连接公司和用户的纽带,产品被认可,即代表公司被认可,这样的公司才具有成长潜力,也是价值最大的。

3.5.1 产品创新失败的主要原因

"不创新是等死,创新就是找死",是很多公司对于创新的总结。因为研发成本高、失败风险大,导致大多数公司在创新上极其谨慎,甚至错过最佳时机。既然如此艰难,那么就有必要总结原因,找出那些干扰因素。大体概括为三个"不靠谱",如图3-8所示。

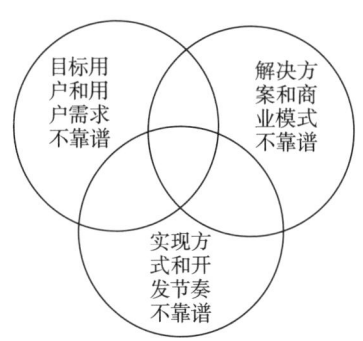

图3-8 创新失败的三个根本原因

(1)目标用户和用户需求不靠谱:对用户的需求来自想当然,并且过于关注产品的技术创新;想用一款"超级产品"通吃天下,功能求多求全,性能求高求好。

(2)解决方案和商业模式不靠谱:太多新品进入开发管道,造成大量低价值产品抢占优质资源;过于关注产品功能的实现,对产品定位、盈利模式、竞争策略等关注不够：新产品的卖点以简单的模仿为主，但商业模式却与产品不符。

（3）实现方式和开发节奏不靠谱：过于强调交付速度，压缩开发周期，但因品质难达标，反而延长了交付周期；没有根据市场变化及时终止或调整产品研发方向。

3.5.2 产品创新"四步曲"

产品创新"四步曲"，简称为"看得准、摸得清、行得通、跑得快"，做到这四点，实现创新将不再困难。

1. 看得准——目标市场选择

产品的成功，首先是要保证市场成功。因此，产品创新的首要任务是，在制定产品线或业务战略规划的过程中，对识别出来的市场机会加以分析，以确定是否需要通过开发新产品来实现。

2. 摸得清——客户需求洞察

产品创新必须以用户需求为出发点，再由用户需求（demand）挖掘出用户的真实需求（need），并分辨出用户的痛点、痒点和兴奋点，再进行产品的逐渐迭代，以解决用户的需求，如图3-9所示。

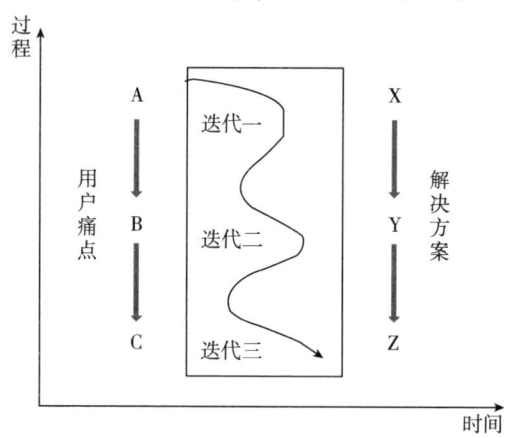

图3-9 用户痛点、产品创新与解决方案

3. 行得通——商业模式设计

产品如何定位，如何设计独特卖点，如何参与市场竞争，如何保证价值链上的所有利益相关者都能持续盈利，对这些内容需要全面地分析和评估，也就是要保证产品在商业模式上是行得通的。

4. 跑得快——迭代产品开发

市场机会是有时间窗的，如何快速推出新产品抢占市场先机是公司必须考虑的。用户需求管理保证了公司是在正确的道路上做正确的事；结构化流程和跨部门开发团队保证了公司有能力正确地做事；产品开发与技术开发分离，保证了开发项目的快速交付。

3.5.3 产品创新依靠的市场环境

美国精益创业理论创始人斯蒂芬·布莱克博士说："产品创新的策略需要根据产品所投放的目标市场进行调整。"他在所著的《四步创业法》一书中，将公司所面对的市场分为现有市场、细分市场和全新市场三种，如图3-10所示。

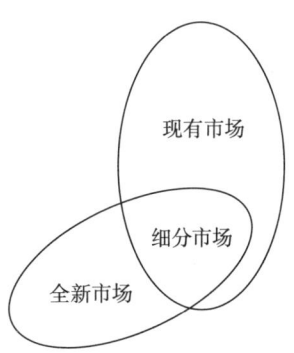

图3-10 市场的三种分类

（1）现有市场：是指公司产品当下正在服务于目标用户群体的整体市场，也是整体经营环境下的主流市场。

- 目标用户——主流用户群或长期用户群。
- 用户需求——已知。

- 解决方案——已知。
- 创新策略——跟随,力求低成本。

(2) 细分市场:是指从现有市场中进一步分离出来的市场,分离之处一定比现有市场小,但更加细化,有助于产品更具针对性地服务于用户。

- 目标用户——原有市场中分离出来的细分用户群。
- 用户需求——被挖掘出的差异化的特殊需求。
- 解决方案——未知或未全知。
- 创新策略——必须差异化。

(3) 全新市场:是指完全不同于现有市场的另一类市场,需要由新产品去填充,前景属于探索阶段。

- 目标用户——早期为天使用户,后期可能成为新的主流与用户群。
- 用户需求——未知或未全知,待发掘、正在发掘、还需发掘。
- 解决方案——未知或未全知。
- 创新策略——不同于以往的全新的产品或商业模式。

3.5.4 产品创新——横向流线模式

针对当下已开发的市场,鉴于用户痛点和解决方案都已知,产品创新的途径已经被压缩到很窄,最佳策略跟在业内最强者的身后,在窄途中直线向前,通过不断提升产品的性价比参与市场竞争,如图3–11所示。

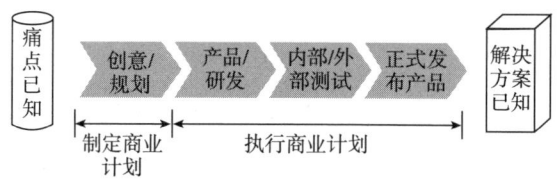

图3–11 产品创新模式——横向流线模式

跟随模仿看起来称不上创新,但如果跟随的是最前端的产品,模仿出仅次于导向性产品的略有差异化的产品,仍然属于创新。小米在这方面做到了最好,因为iPhone已经在前边开路找出了用户的痛点,小米果断跟进,做出了自己的系列手机,因为实用功能被认可,更重要的是价格亲民,小米顺利地提升了产品的市场竞争力。

3.5.5 产品创新——逐级迭代模式

在做市场时总有一个误区,就是"市场最细化",认为产品所针对的市场已经无法进一步细分了。但真实的情况是,市场的细分化是种常态,总有可以进一步细分的点。比如,凉茶品牌王老吉,将凉茶饮料市场进一步划分出"不上火的市场"。

其实,进一步对市场进行细分,找到其中尚未被充分满足的用户需求,并向该细分市场推出具有差异化的产品,就是一种创新,如图3-12所示。

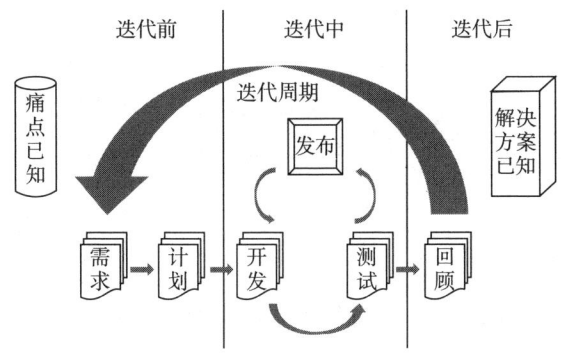

图 3-12 产品创新模式——逐级迭代模式

任何市场都存在被进一步细分的可能,只要存在用户的痛点,就可能再细分下去。当然,这个痛点要具有相当的痛感,是用户比较迫切想要解决的,而且数量要足够客观。加多宝的异军突起就得益于找到了一块细分市场——能去火的饮料。上火是人人都会有的状况,怎样快速去火却很少人知道。现在一罐饮料就可以解决,方便、便宜、够快速,这三点足以吸引到大量用户了。最终,加多宝依靠一个"去火"这个极其微小的细分市场打开了整个市场。

3.5.6 产品创新——循环勘验模式

细分市场与全新市场是经常被搞混的概念,当公司面对的用户需求是已经被挖掘的,而解决方案还尚未可知时,就是进入了细分化市场;当公司面对的用户需求和解决方案都是未知时,等于进入了一块全新的市场。前者只需要对现有产品进行改进,后者则需要采取一边假设一边验证的全新产品开发模式。循环勘验模式针对的就是全新市场,如图3-13所示。

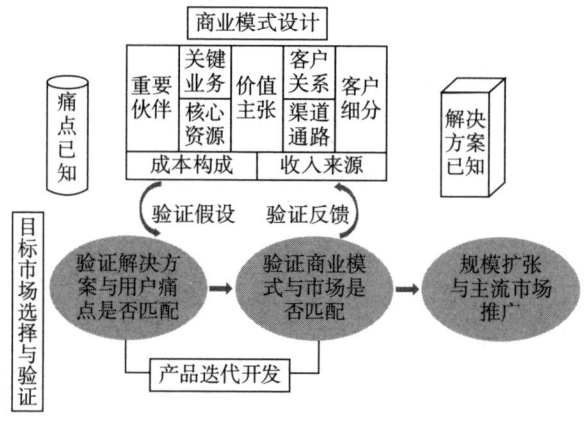

图3-13 产品创新模式——循环勘验模式

格力空调最初的市场竞争也采用价格战,但并没有优势,后来主打省电的用户痛点。空调如何省电确实是用户的痛点,但仅仅说了省电,而没有具体的方案和程度的保证,用户难以相信。后来,格力的产品研发经过反复更新,商业模式也不断优化,最终满足了用户的痛点,与市场形成了匹配——空调采用变频工作模式,一小时只需一度电,还会增加空调压缩机的使用寿命。

3.6 正确的产品结构才能保证高估值

正确的产品结构是公司为实现预期目标,对产品(服务)及其组合状态进行规划调整的活动。包括调整产品之间各种比例关系、淘汰部分产品、增加新产品、产品升级换代、单一产品公司调整为多产品公司、多产品公司调整为单一产品公司等形式。

3.6.1 产品结构的战术性调整与战略性调整

1. 战术性调整

公司在原有生产技术的基础上,根据市场变化采取的应急调整措施,可以使公司迅速摆脱经营困难。产品结构的战术性调整有两种方式:

(1)适应性调整。公司根据近期的市场情况,对现有产品进行质量、规格、包装、成本上的调整。

(2)改进性调整。公司根据市场需求,对老产品进行适应性调整,以延长产品的市场寿命;对老产品进行系列的再开发,以增加产品深度。

2. 战略性调整

根据市场和技术的发展现状与未来趋势,拓宽优势产品范围,拉长优势产品线,提高公司竞争力。产品结构的战略性调整有两种方式:

(1)全新性调整。公司根据市场需要,拓宽产品路子,开发出新型产品或高技术产品,以形成新的竞争力。

(2)发展性调整。公司对深受用户喜欢的名优产品,要努力使其成为更具有竞争力的支柱产品,应当在产品成长期就着手提高产品水平,尽快完成更新换代。

3.6.2 健全"金字塔式"产品结构，不断向"金字塔"中底部延伸

在经营过程中，决策者应随时分析本公司产品结构的合理性，并根据市场变化及时做出产品结构调整的正确决策。

金字塔式的市场结构存在于任何行业，从上至下大概分为高端消费市场、中级消费市场、大众消费市场，如图3-14所示。

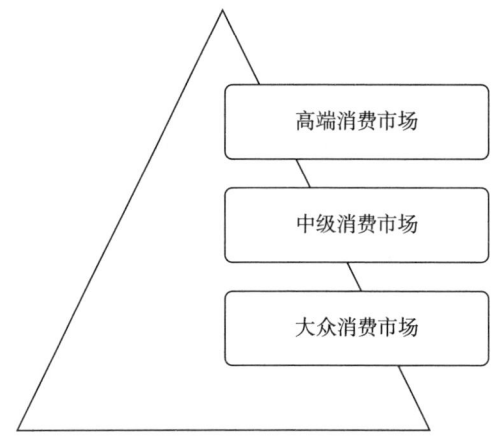

图3-14 金字塔式的市场结构

从消费人数看，高端市场与大众市场形不成比较级，差距太大；从占据市场份额看，大众市场虽然单体消费量小，但因为人数优势巨大，总体份额还是占据优势（具体优势要依据不同行业而定，普遍可占据60%~90%）。

青岛啤酒曾被称为"贵族酒"，后经调查发现市场对高档啤酒的需求不足10%，其余都是大众消费市场。于是，定价5元以下的一大批产品陆续上市，满足了普通用户的需求。

对于高端市场原有的优势，青岛啤酒没有放弃，而是坚持"高起点发展"，与日本朝日啤酒公司合资建厂，引进世界最先进的纯生啤酒生产设备，被誉为"面向二十一世纪具有高新技术的样板工厂"。

此后几年，青岛啤酒逐步研制出适合不同市场需求的四十多个品种，有效构筑了品种层次化的产品结构。

3.6.3 准确把握区域市场需求和人群个性化需求

不同区域、不同个性的用户群体想买什么产品，就能很方便、很满意地买到什么产品，要做到这点，需要公司在进行市场调研时，做到超深、超广、超细、超准、超快，去找到那些"供不应求"的空间，发现那些亟待开发的新产品、新品种。然后有针对性地对产品的品种、性能、质量、价格等方面潜心钻研之后来实现。

华龙集团创建时，"康师傅"等著名品牌早已称霸方便面市场。华龙集团通过细分区域市场分析发现，广大农村市场是个突破口，就打出了"优质廉价"的招牌，迅速占领了广大农村市场，也随即渗入了中小城市市场，为进军大城市铺平了道路。

丰田公司一直坚持满足不同地区、不同人群需求的"量体裁衣"原则。在美国，下身长上身短的人并不少见。丰田就加长了销往美国的汽车座椅，并提高了距离地面的高度。还针对美国人喜欢听重低音的特点，调整了销往美国的汽车内饰中的主体声响系统的性能。

3.7 增长前景：有明天的产品才最值钱

不管是哪个投资人，都希望自己所投资购买的产品的增长前景是明朗的。然而，一个产品再好都不可避免地会遭遇到天花板。产品一旦缺乏"增量空间时"，便无法继续前行，甚至回旋的空间也会大大减少。相对的，产品带给公司的价值也会跟着缩小。要想避免这种情况，公司在设计产品时，就要为"增长前景"做好准备。

3.7.1 拒绝进入天花板行业

产品是否具备可发展性,是否有发展潜力,首先要看的一点就是其进入的行业与天花板的距离。离天花板越近,产品就越没有增长前景,反之亦然。管理者可以参考以下五点,看产品是否进入的是一个天花板行业。

1. 售价

也就是这个行业产品的价格是否受到限制。比如空调行业的价格就一直受到格力的限制,除了从成本和技术创新入手,公司能获得的利润非常有限。

2. 容量

也就是指规模受到限制。一些行业的市场本身就小,而且已经有不少先进者,那么这个行业就最好不要进入。

3. 产量

是指产量受到原材料的限制。比如能源行业,很多产品的原材料都是来自于稀缺资源,那么这个行业就很难得到大的发展。

4. 需求

需求可分为两种情况,如图 3-15 所示。

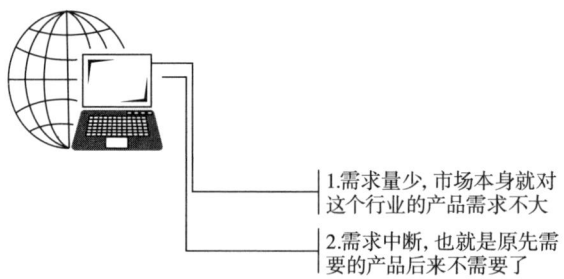

图 3-15 需求天花板的两种情况

5. 成长

也称为"恐龙天花板",是指市场中的某个产品发展过大造成的效应。

一些产品在行业中发展成为了巨无霸，把产品变成了行业。比如滴滴出行现在就是寡头产品，而且是唯一的寡头，它是一款产品，更是一个行业，后来者想要再进入这个行业，基本上不太可能。

3.7.2 三招让产品发展前景增、增、增

一旦产品遭遇了天花板，也不是没有解决的方式。公司只要做好以下三点进行就可以打破天花板，让产品为公司带来更大的价值。

1. 重构产品

打破产品边界限制的重点就是对产品进行重构，重构的方式包括两点：

（1）业务模式。把产品的销售方式进行重构。比如，将以往的产品只在实体店或只在电商网站销售改为线上线下同步销售，如此，就可以弥补线上体验感不足、线下客流有限的缺点，扩大产品的市场容量。

（2）产品属性。其实就是产品的定位，但是这种定位要细化。这一点，江小白就做得非常好。在白酒行业已经被茅台、五粮液等巨头完全吞噬的情况下，江小白凭什么能够突围，获得大量的白酒市场？就是因为江小白对产品进行了重构，把白酒作为"时尚小酒"来进行运作，打破了白酒只是传统行业、只适合中老年人喝、不能玩时尚的边界。

2. 颠覆传统

一个市场从不成熟走到成熟，这个过程就是破与立，最好形成一个难以打破的"既有秩序"，后来者很难进入。如果产品不够创新，难以颠覆传统，就无法促进行业洗牌，把部分产品淘汰出局，然后乱中取胜，抢夺行业的话语权，建立行业的新秩序，为自己的产品争取到更高的天花板。

当共享单车的两大王牌OFO和摩拜退出历史舞台时，哈罗单车保持着坚挺。2018年6月1日，蚂蚁金服全资子公司上海云鑫对哈罗单车增资18.92亿人民币，哈罗估值达23亿美元。哈罗之所以能在共享单车的乱局中屹立不倒，关键就在于以下三点：

（1）价格。只关注自己的定价，从不大力补贴，且开通低价的 5 元、2 元月卡。

（2）管理。共享单车最为诟病的一点就是乱扔，利用率低。哈罗单车采取了网格化管理。把运营模式落地到一个城市，然后将城市拆解为几百个网格，打造网格内的运营模式，控制标准，然后复制全国。建立了哈勃系统和 BOS 系统，提高运营效率。

（3）二三线城市。哈罗单车走的是"农村包围城市"的策略，小城市的竞争对手不多，因此更好把控。

3. 单点突破

你的产品涉及了多少业务？有多少功能？有多少渠道？有多少宣传点？有多少定位？或许连管理者自己也记不住。任何一个可能的市场需求，如果你都不放过，想开发出满足所有人需求的产品，注定是会失败的。产品只能为部分人服务，不可能为所有人服务。一个产品不可能传递所有信息，只能传达最有用的信息。太多的产品定位也会分散公司的资源，无法聚焦，不能够聚焦就无法集中力量。当产品遇到天花板时，无法聚集的力量就不能打破天花板。所以，公司在设计产品时，一定要删繁就简、高度聚焦，从而达到单点突破的效果。

第4章
用户价值有多高，公司估值就有多大

　　用户就是一切！利润、口碑都来自用户，产品对于用户的价值就是获得用户和吸附用户的主要渠道。因此，有人说"用户不是买产品，而是想变成更好的自己"，这是用户对产品需求的终极愿望。

4.1 定位：什么样的"它"才能创造价值

用户对于任何公司都是最宝贵的财富，公司间的所有竞争都是为了争夺用户。但不是所有用户对于公司都价值巨大，一些来一次就走，见一面就闪的用户对公司就没有多大价值。那么，什么样的用户对公司来说最有价值呢？

4.1.1 忠诚度有多高，用户价值就有多大

忠诚度高的用户会不断地为产品创造价值，还会为产品带来隐性收益，如品牌和口碑的推广、带动新用户进入等。所以，我们需要分析评定用户的忠诚度，继而去做相应的运营策略调整。

造成用户具备忠诚状态的原因是公司做到"以用户为中心"不断去优化和改善用户体验，进而提升用户的满意度，让用户对产品产生依赖心理，就能将普通用户打造成忠诚用户。

由传统经营为主导的商业模式向互联网为主导的商业模式的过渡中，用户忠诚度的指标也随之发生了变化，如图4-1、图4-2所示。

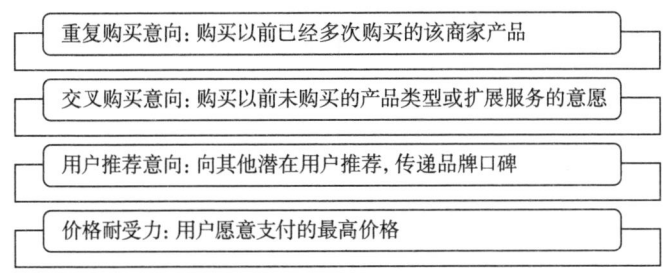

图 4-1 传统经营模式的用户忠诚度指标

互联网模式下的这四个指标可以直接从点击流数据获取，设定数据的区间需要根据实际情况而定。比如，产品信息更新较快，用户访问较为频

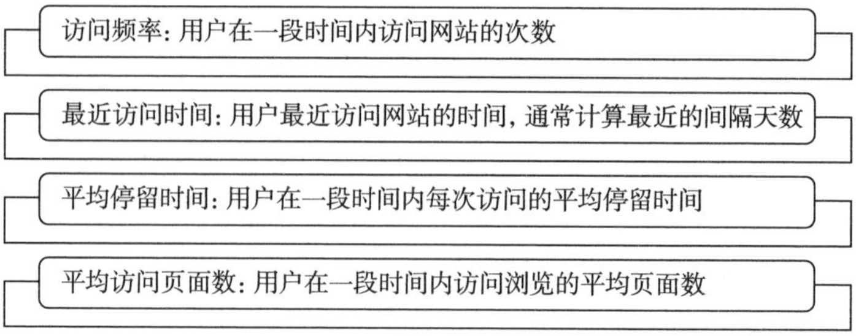

- 访问频率：用户在一段时间内访问网站的次数
- 最近访问时间：用户最近访问网站的时间，通常计算最近的间隔天数
- 平均停留时间：用户在一段时间内每次访问的平均停留时间
- 平均访问页面数：用户在一段时间内访问浏览的平均页面数

图4-2 互联网模式的用户忠诚度指标

繁，时间段设定得短一点有利于抓住数据变化的灵敏度；反之，时间段设定得长一点有利于数据的丰富性和准确性。

4.1.2 用"min-max标准化法"和"雷达图"判断用户忠诚度

采用"min-max标准化"方法，先将所有指标的数值全部转换到【0，1】区间，再进行倍数放大。比如，使用10分制评分，就放大10倍，如表4-1所示。

表4-1 用户忠诚度指标评分表

		访问频率	最近访问时间	平均停留时间	平均访问页面数
用户A	数据	2次	15天前	150秒	3页
	标准化	0.1	0.5	0.3	0.38
	评分	1	5	3	3.8
用户B	数据	8次	2天前	120秒	5页
	标准化	0.4	0.93	0.24	0.63
	评分	4	9.3	2.4	6.3

从表4-1中能直接区分每个用户的每项指标的表现好坏。基于每个指标的评分，可以对用户进行筛选，以便快速定位忠诚用户。

根据表中的数据，所有指标已经统一到了同一个评分区间，我们可以用四个行为指标来评价用户的忠诚度，通常用到的展现方式是"雷达图"，如图4-3所示。

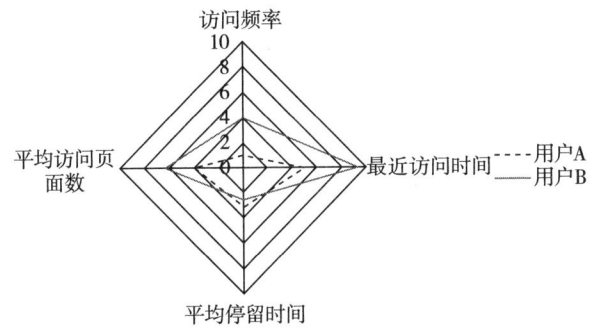

图4-3 用户忠诚度

用"雷达图"展示用户忠诚度有以下几个优点：

（1）可以完整地显示用户的所有评价指标。

（2）可以清晰显示出用户在各项指标评分中的偏向性。

（3）可以简单分析用户忠诚度的综合评分，即图形围成的面积。

（4）可以很直观地进行用户间忠诚度的比较。

4.1.3 通过满意度和利益点提升用户忠诚度

知道了如何判断用户的忠诚度，可以帮助我们进行筛选，但最终还是要落实在如何提升用户的忠诚度上，这才是最具价值的用户。

☞ **提升用户满意度**

影响用户忠诚度的根本因素是用户的满意度，提升用户满意度的关键在于提升产品带给用户的价值。比如，成为某航空公司的高级会员，不仅可以乘坐飞机，还满足了这部分用户能够在机场获得休息室和在休息室进餐的需求，这等于满足了人的自尊心。所以，该航空公司的满意度计划，能够有效提升客户的忠诚度。

由此可见，用户的满意度与用户的整体利益、用户的整体成本、用户的期望价值有着紧密的联系，如图4-4所示。

图4-4中，用户整体利益最终所剩余的量，若是能够达到满意程度所需，说明用户是满意的。反之，则用户就是不满意的。

用户满意度 = 用户整体利益 - 用户整体成本 - 用户期望价值

图4-4 用户满意度

"用户整体利益"包括"用户整体成本"和"用户期望价值"。其中，用户的整体成本不仅包括经济成本，还包括使用时的"时间成本"以及获取和使用产品的"体力+心力成本"。

降低用户的经济成本是忠诚度维护的常用方法。比如，随处可见的优惠、返利、抵现、商家代金币、商家钻石等。

降低用户的时间成本和心力、体力成本是忠诚度维护的高阶方法。比如，滴滴打车其大数据算法能够根据用户打车的时间和起点自动猜测目的地，减少用户的时间成本和操作成本。

☞ **用钱去购买用户忠诚度**

既然用户整体利益中涉及到经济利益，那么解铃还须系铃人，经济利益就用经济的手段去解决。即便用户态度上的忠诚可能难以用金钱撬动，但是行为上的忠诚却可以。

建立用户奖励体系是互联网产品的常见用金钱购买用户忠诚度的方法。比如，支付返现、支付返积分、直接赠送礼品等。把公司的经济利益分一部分给用户，刺激用户定向地进行某些动作，这些定向动作往往和用户的忠诚度进行了关联。

如果用户一次参与不算忠诚，两次参与不算忠诚，但三次、五次、十几次呢？想不算作忠诚用户也难了。而且人都有轨迹性心理，即便起初只是为了优惠返利而去的，时间长了就会形成惯性，成为了消费行为的首选。

4.2 引流：如何做，浏览用户变真实用户

达成销售并不容易，找到一些方法有助于将潜在用户转换成真实用户。

有些人说自己正在做，比如给潜在用户发送电子邮件、快速地建立网站或者联系人登记表格方便联系，这些做法非常简单，但是远远不够。还有一些更深入、更高端的方法能够快速、有效地吸引用户，让原本的浏览用户变为真实用户。

4.2.1 客户引流的初阶方法

下面介绍几种用户引流浏览用户成为真实用户的初阶方法。

1. 合用户"胃口"

让用户留下继续用产品的本质就是"合胃口""对脾气""有惊喜"，即：喜欢、认同、期待。

我是幸运的，因为公众号的用户反馈给我的评价是："喜欢，是有温度的干货"。

第一次看到有用户如此评价时，觉得受宠若惊；第二个、第三个……也用类似的评价时，我开始有点自信了；如今我完全相信我的公众号中真的就是"有温度的干货"。

简单的几个字，却是很高的评价，我看出他们真的是"喜欢、认同、期待"我的公众号。喜欢公众号的文章、文风，认同文章的观点，期待继续出精品。这样一来，起初只是单纯为了浏览文章而和我巧遇的那些人，渐渐地成为了我的粉丝，有的还升级为铁粉。

很多公司和个人做公众号的目的都是为了吸引用户，可以想象，这些忠诚的用户在某个适当的时间就会转化为真实的用户。因为人都喜欢向自己喜

欢的事物靠近，也愿意为自己认可的事物付出，更愿意为自己喜欢的事物助力。

2. 用户访问路径的优化

一次，我去一家商店挑选窗帘，进门后老板告诉我窗帘在二楼，我沿着很窄的楼梯上去，但转了好长时间也没找到我想要的普通款。老板迫于无奈才上楼指点普通款放在了哪里，但我已经没有了购买的欲望。

该商家流失掉我的原因，是没有让我在最短的时间内找到我需要的商品。为什么他不能引领我上楼，告诉我在哪儿呢？为什么他不将商品摆放得更有条理，顾客不用费劲寻找？为什么他不能重新布置一下店铺的格局，方便顾客进出呢？

这就涉及到梳理用户访问产品路径的问题。一定不能让用户与商品的距离过远，也不能在用户和商品之间设置太多障碍，如图 4-5 所示。

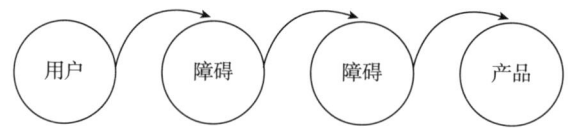

图 4-5　用户与产品的路径（有障碍）

要及时梳理用户从不同来源访问产品的路径，一步一步列出，看看哪些环节是可以、也是必须要优化的，如图 4-6 所示。

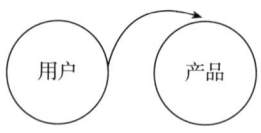

图 4-6　用户与产品的路径（无障碍）

总之，保证新用户与产品的对接是流畅的、愉快的，留下好印象才会有后续留存的可能。这一点摩拜单车就做得很好，不用输入什么，无需验证什么，只要扫码就能开锁，直接骑上就走。

需要注意的是，要优化访问路径，需要把用户的方方面面都考虑进去。比如，用户的经济条件、用户的使用工具、用户的理解能力、用户的外部干扰,等等。

3. 让联系变得非常容易

建立与用户之间的联系,是拉近与用户距离的好方法,只有与用户不断深入接触,用户才愿意更多接触你的产品和公司。

为什么很多网上商家会第一时间回复用户的提问,无论用户是否会购买商品,就是要建立起与用户的联系,有了联系才有了交易的可能;为什么任何一个网站上都有"联系我们"的链接,也是为了和用户保持联系,虽然被动了些。

PureChat(一款在线聊天工具)是一家总部在亚利桑那州的公司,其创始人意识到,和别人进行文字沟通是抓住新的潜在客户的有效方式。因此,他们打造了一款更容易安装的聊天功能,能够迅速接入到用户的电话或电脑上。这家公司还推出了一款面向单个销售人员的产品,是一个内嵌实时聊天功能的网页,任何人都能利用这个功能提出一些简短的问题。

4.2.2 客户引流的高阶方法

下面介绍几种用户引流浏览用户成为真实用户的高阶方法。

1. 分流到其他目标,降低推广门槛

寻找用户的目的,是让用户有兴趣进来,再有兴趣使用产品。但用户并不是商家手中的提线木偶,不是说来就来,让用就用的。那么,面对大部分用户的"不听话",降低用户进入的门槛,减少用户的防备心理,就有机会彻底圈住用户。

比如某母婴电商扩展用户的目标只有一个:找到更多的妈妈来他们平台开店。但该电商并没有直接推广如何开店,能赚多少钱?而是先建了一个在线母婴微课堂,每周邀请知名育儿专家给妈妈们讲课。听课是免费的,只要分享听课链接以及海报就可以。此举吸引了大量的宝妈用户,用户量、留存量、报名量、关注量都非常高。当宝妈用户被圈住后,电商再派运营人员跟进,转化她们在平台开店,效果极佳。

即使用户没有很快被转化，但通过"声东击西"的策略可以先留住用户，为后面的转化争取时间。

2. 鼓励用户写出产品体验的过程

每次买电器，都发愁看产品说明书，有同样想法的人应该不少，没有人喜欢读长篇大论的商品介绍。用户只想知道商品能解决什么具体问题、是不是真的好、有了问题找谁解决、能不能解决。因此，用户更想看到其他使用者的反馈和评价。

淘宝卖家经常使用的手段之一，是在商品介绍中插入一些"万人好评""销量第一"的评价截图，让潜在客户看到后产生怦然心动的感觉。

为了最大效应发挥用户体验的传播热情和影响效力，最好列出一些用户反馈的例子，用简洁、明了的方式展示那些使用产品的人如何快乐、优雅、方便。案例应该简单、清楚，力求一两句话深入用户内心，戳中痛点，如此才能达到四两拨千斤的效果。

4.3 增长：把 10 万用户变 100 万用户

用户数量应该是多多益善，若能达到百万级有价值用户，公司的发展才算是真正进入到快速轨道。突破不了这一级数，公司将难有大的作为。但创业公司经常会遭遇用户数量增长瓶颈，即达到了十万级别后，就难以提升了。原本初创阶段从零开始的迅猛势头迅速地降了下来。这是什么原因呢？有什么方法破解这个难题吗？

4.3.1 做用户增长会遇到问题

任何突破行为都会遭遇到阻碍，做用户增长也免不了。那么，导致用户数量无法递增到百万级的原因有哪些呢？

1. 数据基础薄弱

如今数据的作用被越来越多地提到，但很多公司仍然难以跟上时代的脚步，最终导致很努力做出的产品，投放到市场才发现产品的数据基础薄弱，没能从数据层面掌握用户所需。

因为"用数据"的人并非"做数据"的人，也就是说公司没有亲自去整合数据，而是依赖其他渠道的数据来源，所获得的数据自然不能让人满意。而数据对用户增长是很重要的因素，不是依赖数据做决定，而是需要数据去验证主观推测，从而落地最终方案。

在这方面做得好的公司，都愈发强大了。如阿里巴巴、京东、唯品会、百度等互联网企业，它们每天成百上千个"AB测试"（制作两个"A/B"或多个"A/B/n"版本，用以搜集各群组用户的体验数据和业务数据）在线上跑，有成熟的技术平台。

因此，如果当下数据弱，就要去耐心建设，哪怕会花费一些时间。这种基础建设虽然见效不快，但从长远来讲收益是很大的。

2. 内部协作效率不足

做用户增长最难点不在业务技能，而在于整个公司对用户增长的理解层面不同，内部协作效率低，导致落地难。

研发、运营、营销、产品、市场等，分属不同部门，甚至KPI（关键绩效指标）都不一样。而想要实现用户增长则需要把各个角色整合到一起，同心协力为同一个目标做事。如果在理解层面上各有不同，势必会产生协作问题，甚至业务冲突。比如，现在市场部门需要优化某个产品模块，与研发部门做基础产品的需求冲突，市场部门需要有足够的理由被认同，才能让研发部门让路。

有的时候，可能不是"需求"的问题，而是"蛋糕"的问题。用户增长是一个统一的命题，与部门间各自分散的命题不发生直接关联，但却与各部门的利益有关联。要解决这个问题，必须由老板层面认可和推动。

3. 缺少人才

一个公司想做好用户增长，必须找有经验的专业人士。但鉴于目前人才市场从事这方面的专业人士并不多，公司想要招募到合适的人选并不容易。因此，一个简洁的方法便是进行内部挖潜。

具体挖掘什么样的员工进行培养呢？建议之前做过产品、数据分析的，可以转做用户增长，毕竟这是一个需要有逻辑思维和数据分析能力的专业，还需要有很强的沟通和推动能力。内部挖潜还有一个好处，是便于公司内部的管理层做出调整，还可以快速增加相关部门。

当然，因为是半路转行，难点是一定存在的，关键是要有一个真正懂得做用户增长的领导者，因为这是个大项目，需要有人掌舵和协调推进。

4.3.2 整合稀缺资源

用户都是懒惰的。如果有谁能帮助自己整理出想要的东西，自己能随时获取，就会产生强烈的依赖心理。

某大学生职场培训公众号，发布了经过整合后的各大互联网公司的面试考题，用户只需要将带有公众号二维码的分享海报发到朋友圈，凭截图免费领取。这种简单的裂变方式迅速为公众号增长了几十万粉丝，而且成本几乎为零。

这种对稀缺资源整合的对象不一定是资料，还可以是人或其他资源。比如，某游戏直播平台为了签下知名主播不惜血本。因为知名主播就是游戏直播行业的稀缺性资源，只要能整合到他们，就能实现有效的用户增长。

2017年，一小型视频网站因无法同大视频平台竞争，另辟蹊径引入了大量东南亚电视剧。因为属于无竞争市场，靠着观众们的口口相传，该视频网站短短数月就收获了近百万的用户。

可见，通过适当的搜集和整理，将市场上的稀缺资源整合起来，就能轻松取得爆发式的用户增长。

但有一点需要注意，稀缺资源并不是指真的稀缺。这种稀缺是相对的，毕竟互联网时代不存在什么找不到的东西了，只不过都比较零散，经过整合之后，用户只需动动手指就可以全部拿到，这样的资源对用户来讲就是有价值的，稀缺的。

4.3.3 扩充用户流量入口

某知名招聘 APP 的做法是：用户下载大学生招聘 APP 时，打开发现是这个 APP，又下载另一个毫不相干的白领招聘 APP，打开发现也是它；再下载一个实习找工作 APP，打开发现还是它……利用"马甲包"的方式扩充了用户流量的入口，完成了大量的用户增长，如图 4-7 所示。

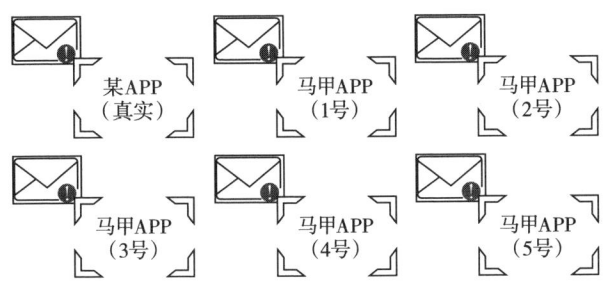

图 4-7　"马甲包"式扩充用户流量入口

除此以外，还有通过拆开 APP 功能进行分散扩量的。比如，某手机管理助手 APP，包含了杀毒、清理、省流量等多项功能，除了主 APP 外，将这几项功能拆开，每一个都制作了独立的 APP，去蹭应用市场的量。

如今，这种增长策略在传统行业也发扬光大了。比如，一家连锁健身房，每开到一个区域，就会在大众点评该区域里创建许多假的健身中心、游泳馆，并做好假的地址以及图片。当用户给任何一个假的健身中心打电话时，都会被推销来真正的健身房体验。

4.3.4 分销

美国经济学教授菲利普·科特勒定义，分销的含义是分布式建立销售渠道的意思，即产品通过一定渠道销售给用户，也就是产品通过某一种分销方式到达用户手中。但是，这种渠道不包括常规的供应商、辅助商等。

那么，究竟要依靠哪些渠道呢？来看一个分销案例：

某在线作业批改 APP，选择与各学校的班主任老师合作，老师只要将带有特定渠道链接的下载二维码发给学生的家长，并要求家长进行下载并使用该 APP 上传作业，班主任就可以按月得到相应的推广费用。如果班主任可以再拉其他的班主任加入，成为下级，那上级班主任还可以获得更高的收益。

或许你不太喜欢分销这种上下级的操作，但不可否认分销已经越来越多地成为各种产品的用户增长手段。

4.4 留存：只有沉淀下来的才是用户

如果你有这样的困惑：对目标用户定位得相当准确，也能够把他们吸引来，但为什么就是没有转化呢？

其实，根本的原因是用户虽然来了，但根本没有留下来，看完就走了。或者是用户在你这里看到的、感受到的并没有预期中好，或者是没能让用户获得有价值的产品……总之，用户没有留下来。

4.4.1 用户留存率

用户留存率源自互联网行业，是指在某段时间开始使用应用的用户，经过一段时间后仍然继续使用，就被认作是留存用户。这部分用户占当时新增用户的比例即是留存率，会按照每隔一个单位时间（如日、周、月）来进行统计。留存用户和留存率体现了产品的质量和保留用户的能力。

用户留存可分为三个时期：震荡期、选择期和平稳期，如图 4 - 8 所示。

（1）振荡期：新用户大量涌入之后，又迅速剧烈地下滑，几天就可以从 100% 下降到 20% 甚至更低。

（2）选择期（蒸馏期、淘汰期）。在此期间用户会考量产品是否满足他们的核心需求，是否能敲击他们的痛点，以此选择去留。

（3）平稳期：进入此时期，用户相对比较忠诚，可以视作被沉淀下来的用户，也是对公司价值最大的核心用户群。

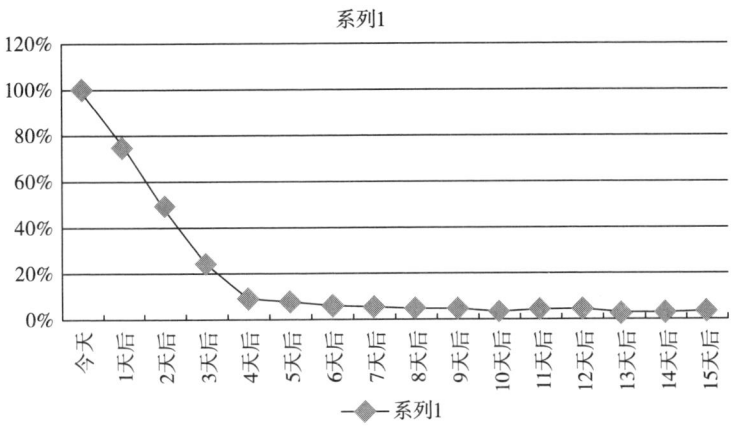

图4-8 用户留存的三个时期

图4-8中,前4天是振荡期,绝大部分用户快速涌来,又极速消失。其后的5天属于选择期,经过震荡留下的用户开始进行深入考量产品,是否有让其继续留下的吸引力。再往后的数天是平稳期,该走的走,该留的留,最后的沉淀用户是最宝贵的。

明白了用户留存率,就要明白用户为什么会留下来?因为产品和用户直接需求吻合度高,提升用户潜在需求转化为直接需求,引起用户的情感共鸣。

任何产品的价值不是体现在价格上,而是体现在用户需求上。当产品的功能与用户的需求吻合时,用户对产品的需求性就会转化,从潜在需求升级为直接需求,也就是想要得到产品,这样就实现了让用户彻底"沉"下来。

4.4.2 满足用户的直接需求

满足用户的直接需求就是提高产品优势和用户直接需求吻合度。促使用户最终成交的重要因素之一,是用户的需求和产品的特色之间是否吻合。

比如,A运营的网站跳出率一直居高不下,排除技术方面的原因后,总结原因是登陆页面做得不好,用户找不到想要的东西,用户也就没有了继续了解下去的意愿。

找到自己想要的东西，无疑是用户最直接的要求，这一点都没有做到，用户自然不会留下。其实，用户的直接需求还是相对容易满足的，用户进网站是为了买东西，就将商品以种类全、款式多、品牌大等特点展示出来；用户进网站是为了看视频，就以用户对视频的需求进行展现。但是，不要过分地夸大，不要让用户进到网站有一种被骗的感觉。

4.4.3 满足用户的潜在需求

满足用户的直接需求只是第一步，还要站在用户的角度去分析他们的潜在需求，这种需求通常需要帮助用户挖掘出来，或者是被引导出来的用户需求，用户本身或许有所察觉，或许并不自知，但这种需求是真实存在的，并且还很强烈。

比如，做一个知识分享类或者专业性比较高的网站，是不是可以经常分享一些高价值的内容，满足用户的各种潜在需求。每次分享的知识点总会有部分用户不知道，引导用户去主动了解，产生对知识的渴望。

比如，以儿童服装为例，宝妈们都想让自己的宝贝穿最漂亮的衣服，以获得一种优越感。这是人类内心深处潜藏的对比心理，聪明的商家可以放大这个潜在需求。一个专门设计的"童星区童装"就能满足，里边全都是明星宝贝们穿过的衣服，是不是很有吸引力？更能打开用户潜在需求的是，虽是明星的体验，却是普通的价格，你的宝贝要不要穿？

4.4.4 引起用户情感依托

引起用户情感依托有很多种方法，可以从不同的角度去挖掘人类的亲情、友情、爱情。人类的情感在公司经营中都能成为留住客户的方法，仍以销售童装为例：

宝妈们都希望把孩子成长的时光永远记录下来，这是母性所致，无需表达就应该能引起共鸣。那是不是应该进行个性化定制呢？其实只要针对不同的孩子设计不同的DIY个性儿童服装即可，可以把孩子和父母的温馨照片记录在衣服上,也可以根据孩子的喜好来设计,然后包装成一件件个性的、唯一的、充满爱的衣服。

情感的依托是黏合度最高的,只要有了情感(对人、对物),就会产生心理的依赖,就会让用户离不开。

4.5 激活:活跃的用户才能给公司带来更多价值

做产品运营经常会遇到一个难题——用户进行了几次关注,甚至消费后,就选择了隐身、休眠,再也不出现了。

是不是就任由这些用户流失掉?绝对不要,因为既然用户选择来过,就说明具有一定的意向,离开说明产品或产品的宣传缺乏吸引力,那么就要在产品本身或产品宣传上下功夫,尽量将这些曾经的用户激活,让他们成为活跃分子,毕竟只有活跃的用户才能给公司带来价值。

4.5.1 激活之前,你需要知道什么?

要知道这部分休眠用户当初是因为什么而进入的,了解他们的喜好,为用户贴上标签。激活除了根据用户的标签外,还要进行周期性的数据分析,要知道面对的待激活群体处在什么阶段,如图4-9所示。再结合用户的标签、数据、生命周期等指标制定方案。

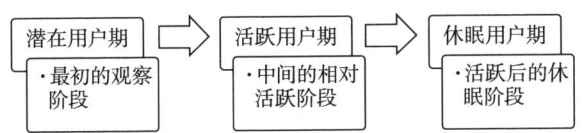

图4-9 休眠用户生命周期的三个节点

潜在用户期虽然处于活跃用户期之前,看起来可以坐等用户自动转化为活跃用户,但现实中真正从潜在用户转化为活跃用户的依然是少数,多数潜在用户就永远潜水了。因此，要避免未活跃先下潜的现象，就需要及时设计合理的机制去促进用户从潜在用户到活跃用户的转化。

活跃用户期的用户似乎不需要担心，因为正在活跃中呢！但不要忘了那些休眠用户曾经也都是活跃用户。因此，为了避免活跃用户的沉默，要懂得站在用户的角度去设计和完善产品，以及进一步完善激励体系，促使用户活跃周期的延长。

休眠用户期的用户不要就此放弃，他们也曾经是活跃用户，说明对产品具有一定的需求，只要方法适当，是可以激活的。因此，对休眠用户要进行更大力度的唤醒及关怀，促使他们尽快醒来。

4.5.2 建立激励体系，激活休眠用户

激励体系是一个很大的话题，包括了方方面面，但无论怎样设定，有一个前提必须要遵守，就是不能把激励体系等同于积分、等级、签到、勋章等具体方案。激励体系必须与用户需求和产品卖点结合起来，再思考具体的解决方案。

现在有很多公司在对用户进行激励时，只用了如同摆设一样的签到、积分的方式。但是用户并没有什么理由一定要来签到，也不需要非要得到什么等级、多少积分、多少勋章，因为做了这些操作之后，用户没有得到任何有效的反馈。因此，这样的形式就成了摆设，根本对休眠的用户起不到任何作用。

比如我经常用的 keep 的等级特权和悦跑圈的勋章，都比较鸡肋，打纯精神激励的牌是没人会买账的。

再看滴滴对用户的激励，提供了价格优惠和优先派单，这对用户是有价值的，用户就愿意参与到其中，也会积极获得这些激励的奖赏。对于休眠用户来说，这样与切身利益相关的激励措施一定会引起他们的重视，不由得就会苏醒，再次参与进来。

4.5.3 运用用户触达,激活休眠用户

如今即便是针对老用户,公司的用户开发团队都不敢放松,还需要适时地去"提醒"一下,以防止老用户的流失,这种方式就是用户触达。那么,对于休眠用户,触达的方式也具有一定的作用,或许对于休眠用户来说不如激励来得猛烈,但细水长流的"敲击",也会将一些人敲醒。

常用的触达方式有四种:Push、系统消息、短信、邮件。前两个可以用,后两个效果在大多数场景下是很差的。

其中尤以 Push 最有效,但难度也最大。在此,我们对 Push 的几个要点进行讲解,其他三个触达方法则不再赘述。

触达主要包括:内容、通道、策略、管理、报表等要素。

(1) 内容:必须数量多、分类多、及时性强,进行全量或个性化 Push 才能保证效果。

(2) 通道:保证 Push 可以触达更多的设备,想办法让更多用户打开手机的 Push 开关。

(3) 策略:针对哪些目标性用户发、在什么时间发、每天发几条、文案是否加图、声音是否可调等,都要进行规划。

(4) 管理:保证发布的内容和分类是稳定、合理、合法的。

(5) 报表:用作每天监控数据的效果,及时检查每一条的效果,便于尽快调整策略。

4.6 分类:不同类型用户,不同价值输出

人分性格,用户就以自身性格分成各种类型。销售中我们会发现,面对的用户从来都不是一个类型的,而是各种类型的都有,所以用户不应该人为地分成等级,更不应该有亲疏远近之分,而要一视同仁,因为每种类型的用

户都有各自的价值。至于能让用户的价值输出多少，就是销售过程中的学问了。

4.6.1 错误分类的弊端

不给用户划分等级和亲疏关系，并不代表不能给用户分类，因为正确的用户分类，有助于了解用户，实现针对性营销，提高交易成功率。

但很多人在研究用户类型时，喜欢将用户按年龄、性别、地区或消费水平、消费心理特征进行分类。因为这样的分类操作起来很简单，分类过程中也很清晰，不用做过多的研究。但这样的用户分类管理并不利于营销，因为即使是同年龄或同收入的用户群体，依然会因为各种因素的参杂而存在具大差异。

比如，同样是20岁的且收入相当的女性用户，她们对办一张健身卡的意愿就难以一致——有的人在考虑要不要健身，有的人在考虑做怎样的健身。这种情况下，如果用同样的营销方式对待你认为是相同分类的用户，营销就会因不够精准而降低成效。

可见，以上这种常规化、大众式的分类方式并不值得推广，那么有没有什么更好的分类方式？答案是有——按照用户需求的认知阶段来分类目标用户。

4.6.2 按照用户需求的认知阶段分类

需求的认知阶段：指大部分用户对某个需求或产品都有自己的认知阶段，不同的认知阶段，解决的需求也不一样。

比如，一个女性用户发现自己皮肤变差了，如果此时该用户的需求认知程度处于"我为什么皮肤会变差了"的阶段，营销时却对该用户介绍自家的面膜有多好，该用户很可能会产生反感——因为该用户目前真正的需求认知还没达到"要用哪个产品"的阶段。所以，根据目标用户需求的认知阶段不同，需要解决的营销问题也不同。可将目标用户分为五种类型，如图4-10所示。

第4章 用户价值有多高,公司估值就有多大

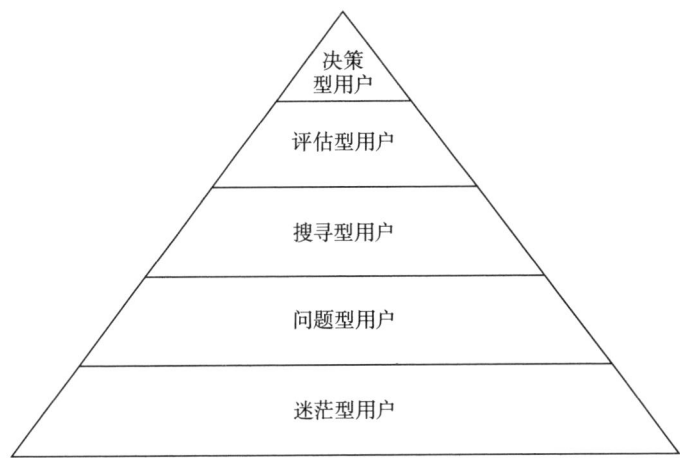

图4-10　按目标用户需求的认知阶段划分的五种用户类型

下面通过一个表格简要型概括,对不同认知阶段的目标用户,分别该解决怎样的营销问题,如表4-2所示。

表4-2　五种用户类型和对应需要解决的营销问题

需求认知阶段	该类型用户特点	应解决的营销问题
迷茫型用户	不知道自己的问题是怎样产生的	帮用户弄清楚问题产生的原因
问题型用户	知道自己的问题,但在寻找问题的解决方法	说出问题的解决方案
搜寻型用户	知道自己的问题和答案,但不知道自己该用什么产品	说出你的产品及特色和对用户的最大助益
评估型用户	知道自己该买哪个品牌的产品了,但是不知道这个品牌的产品值不值得信任	解决用户对品牌的信任度等顾虑性问题
决策性用户	知道自己该买的品牌产品,也知道现在应该买,也有信任感,就是还差一点促动力	拿出针对用户的优惠或激励措施

这五种类型的用户看似不相关,其实是有联系的,解开迷茫型用户的问题,就可以将其引入至问题性用户,并进一步为用户解决实际问题,直至让用户最终下决心购买而演变为决策性用户。当然,如果用户一开始就是决策型的,就省事多了,只需要促使用户下决心就行了。但有一点要明白,决策型用户都是由最初的迷茫型用户或问题型用户培养过来的,也就是说,当成

为了老用户后，有了信任度，自然就不缺决策型用户。

下面针对每一种用户的类型进行具体阐述。

1. 迷茫型用户

该类用户的需求认知阶段是——不知道自己的问题是什么。

比如，用户的车子打不着火了，但不知道原因。此时应该帮用户找到问题的所在，但不要急于说出解决方案，因为当用户得到问题的原因后，就会去想"有什么办法解决呢？"

2. 问题型用户

该类用户的需求认知阶段是——知道自己的问题，但在寻找问题的解决方法。

比如，已经知道车子打不着火是因为电池没电造成的。应该适时地说出解决方案——更换电池。可以适时地推荐什么样的产品更适合解决用户的问题，但不要急于介绍产品的卖点，给用户一个精神缓冲的机会。

3. 搜寻型用户

该类用户的需求认知阶段是——知道自己的问题和答案，还不知道自己该用什么产品，正处于搜寻产品的过程中。

比如，用户正在思考要换什么样的电池？需要用原厂的吗？还是厂商品牌的？还是一般品牌的？此时，就需要说出所推荐的产品的特色卖点，告诉用户为什么选这个产品就能最好地解决问题。

4. 评估型用户

这类用户的需求认知阶段是——知道自己该买哪个品牌的产品了，但是不知道这个品牌的产品值不值得信任。

比如，用户已经清楚不必使用原厂电池，风帆蓄电池就很好。那么，就要让用户相信风帆蓄电池和原厂蓄电池一样值得信任，不需要有顾虑。当然，介绍必须建立在产品质量过硬，绝不欺骗用户的基础上，信任才能得以长久保持。

5. 决策型用户

这类用户的需求认知阶段是——知道自己该买的品牌产品,也知道现在应该买,也有信任感,就是还差一点促动力。

比如,用户认为可以更换风帆蓄电池,也知道现在必须要更换,也对风帆蓄电池有了信任,但还是显得有些犹豫,没有下定最后决心。此时,就可以拿出杀手锏——针对用户的优惠和激励措施。如今天更换可以享受九折优惠,今天更换可以赠送更换空气滤芯一次等。注意:措施一定要限时、限量,才能促使用户马上下决心。

第5章
真实的现金流量，高涨的公司估值

公司的潜力与现金流量成正比，一个有活力的公司必定有足够的现金支付能力。如果公司的现金流中断，即使有再多的固定资产、再强的无形资产也难以存续。因此，公司在实现盈利的过程中，必须关注现金流的状况，保持最佳现金流，实现公司价值最大化。

5.1 能随时支配的货币才最有价值

公司在进行销售商品、提供劳务、出售固定资产、向银行借款等行为时，都是取得现金的机会，形成现金的流入。而购买原材料、支付工资、构建固定资产、对外投资、偿还债务等行为，是输出现金的方式，形成现金的流出。因此，公司的一切业务流进和支出，若没有足够的现金流来支撑，是无法办到的。从公司的发展过程来看，现金流比一切都重要，因为现金流是保障理念、想法、模式、创新等一切行为的基础，贯穿于公司的每个环节。

5.1.1 现金流对公司经营的具体作用

我们已经知道了现金流是保障公司运营的基础，那么，现金流又有哪些具体的作用呢？

1. 是公司财务状况最直接的反映

现金流量报表最直接的作用是，详细反映出一家公司的某个固定期间内，所有的现金和现金等价物的流入及流出情况。这种现金流的活动状态反映了公司的财务状况，有利于经营者了解公司的现金状况，并且评估公司在近期内获取现金和现金等价物的能力。

2. 是公司价值最宏观的反映

现金流被称为公司生存的"命脉"，是提升公司价值的最直接也是最主要途径。在公司持续经营的状态下，其价值主要由每年可以自由支配的现金流量来决定。如果现金流增加，说明公司价值增长；如果现金流减少，说明公司的价值下降。可见，若想实现公司价值的最大化，就要先实现公司现金流的最大化。

3. 有助于公司市场价值的提升

经济学里有句经典的话:"现金流决定着公司的市场价值。"一个现金流充沛的公司,其市场活动能量一定是磅礴的,有能力也有实力决定市场的走势。比如,一家市值千亿的公司才有资格喊出"市场不改变,我们就改变市场"的豪言,而一家年利润几千万的公司只能跟着市场的大势运作。

4. 促进和限制公司的经营管理

在公司的经营管理活动中,资金的运行形态是从货币到实物,再由实物到货币的循环,该循环过程实现了资金价值的增值,如图5-1所示。

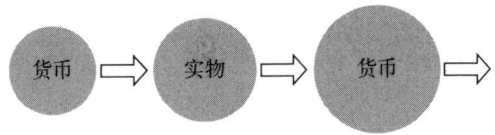

图 5-1 资金的运行形态

但资金的运转不可能永远都在常态下进行,当公司渴望规模经济、有进行新项目开发的需求时,就会加大对现金的需要。如果此时公司的现金流量能够满足需要,将对公司的发展产生积极的影响,否则会给公司带来危机。

5.1.2 加强公司的现金流管理

既然现金流对公司的生存和发展有着血脉支撑的重要性,那么,要如何加强公司的现金流管理呢?

1. 时刻掌握现金预算,提出风险基金

现金预算是现金流管理的主要内容,对于筹集资金能力弱的中小微公司,更应做好现金预算。通过现金预算,掌握现金流入、流出的情况,在正常的情况下及时补足余额。

同时,根据公司的生产经营现状,提出一定的现金收入作为应对资金断流危机的保障,并建立健全资金储备制度。

2. 削减不必要支出，防范耗财事件出现

无论公司大小，削减不必要的财政开支都是必须要做到的，而且需要长时间抓下去。还要避免财力分散，如盲目多元化而引起的耗财，在必要时期剪除多余的项目分支，走专业化道路。

需要注意的是，把最大块的资金投入到最核心的主业发展上，提高主业的造血功能，才能持续性增加现金的流入量，也才能最大限度地规避资金流断裂的风险。

3. 尽早融资，寻找多种融资渠道

融资是小公司由弱到强最快速的通路，如果公司的产品或商业模式具有价值，就应该尽早融资，将经营铺开，快速占领市场，不给竞争对手留搅局的机会。

融资的渠道向来是多元的，可以向银行借款、寻找天使投资、发行股票、变卖短期投资、出售闲置资产等。但要注意，选择融资方式时，要进行相互间的对比，将融资成本降到最低。

4. 开启"轻库存"模式，让死钱变活钱

库存也是公司的资产之一，一定会有，但对"有"要进行控制。库存是待销产品，产品未销就换不成现金，所以库存就是对资金的占用，一旦占用比例过大，就会影响公司的现金流量。

因此，公司必须要完善库存控制制度和管理系统，合理控制库存，并设置红线，一定不能超越。以此将库存维持在一个安全水平，避免缺货或积压，尽量在库存成本与库存效益之间做出权衡，达到两者的最佳结合。

5.2 "现金流量表"三核心：经营、投资、筹资

对于一个公司来说，最关键的不是有多少固定资产，而是有多少现金流。现金流就像流动在公司身体里的鲜血，没有现金流的公司无法存活。对公司现金流最具反映力的是"现金流量表"，它反映了公司在一定时期内由经营活动、投资活动和筹资活动获得的现金。

5.2.1 "现金流量表"的组成

在进入这一环节之前，先来看看现金的概念，如图5-2所示。

图5-2 现金的概念

现金流量表可清楚反映一家公司创造现金流量的能力，揭示公司的资产流动性和财务状况，极具研究价值。

现金流量表也叫"财务状况变动表"，所表现的是在固定周期（每月/每季/每年）内，公司的货币现金或现金等价物的增减变动情形，并根据具体用途划分为经营、投资及筹资三个分类，如图5-3所示。

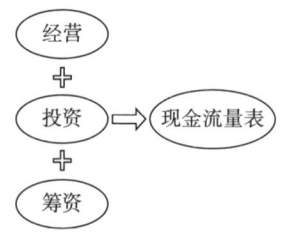

图5-3 "现金流量表"的三个分类

每一类又分为各自具体的项目，这些项目从不同角度反映出公司的业务活动引发的现金流入与流出状况，如图5-4所示。这一综合型报表可以让使用者清楚地了解公司的支付能力、偿债能力和周转能力，预测公司未来的现金流量。

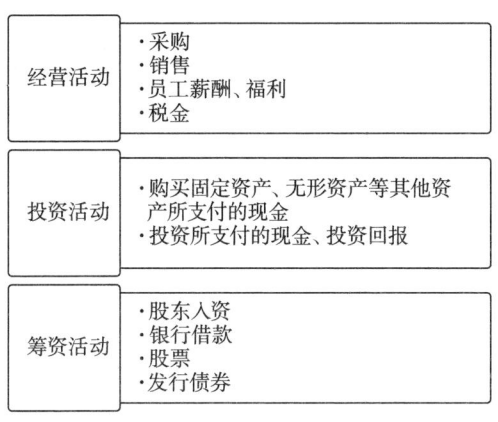

图5-4 "现金流量表"三类的具体项目

（1）经营活动：公司销售商品和服务行为后实际收到的现金，减去应支付的成本费用后，就得出现金净利润。

（2）投资活动：公司在资本性开支上的投入，如购买机器设备、构建厂房等支出，或进行收购、参股其他公司，购买有价证券等长、短期投资支出等。

（3）筹资活动：公司发行股票债券或向银行借款等融资行为带来的现金流入，以及偿还债务、支付股息和回购股票的现金流出。

5.2.2 "现金流量表"的填列方法

以公司定期报告里的现金流量表为例，分模块为大家说明各类项目的填列方法。

第一，确定"经营活动产生的现金流量"，如表5-1所示。经营活动产生的现金流量采用直接填列法，即通过现金收入和现金支出的主要类别列出经营活动的现金流量。

表5-1 经营活动产生的现金流量

一、经营活动产生的现金流量
销售商品、提供劳务收到的现金
向中央银行借款净增加额
向其他金融机构借入资金净增加额
回购业务资金净增加额
收到的税费返还
收到其他与经营活动有关的现金
经营活动现金流入小计：
用户购买商品、接受服务支付的现金
存放中央银行和同业款项净增加额
支付给员工的薪酬以及为职工支付的其他现金
支付的各项税费
支付其他与经营活动有关的现金
经营活动现金流出小计：
经营活动产生的现金流量净额：

第二，确定"投资活动产生的现金流量"，如表5-2所示。投资活动既包括固定资产，也包括无形资产、在建工程、其他金融投资、子公司等。

表5-2 投资活动产生的现金流量

二、投资活动产生的现金流量
收回投资的现金
获取投资收益得到的现金
处置固定资产、无形资产和其他长期资产收回的现金
处置子公司及其他营业单位得到的现金
收到其他与投资活动有关的现金
投资活动现金流入小计：
构建固定资产、无形资产和其他长期资产支付的现金
投资支付的现金
质押贷款净增加额
为子公司及其他营业单位支付的现金

续表

支付其他与投资活动有关的现金
投资活动现金流出小计:
投资活动产生的现金流量净额:

第三,确定"筹资活动产生的现金流量",如表5-3所示。筹资可导致公司资本与债务规模及构成发生变化。

表5-3 筹资活动产生的现金流量

三、筹资活动产生的现金流量
吸收投资收到的现金
取得借款收到的现金
发行债券收到的现金
收到其他与筹款活动有关的现金
筹资活动现金流入小计:
偿还债务支付的现金
分配股利、利润或偿付利息支付的现金
支付其他与筹资活动有关的现金
筹资活动现金流出小计:
筹资活动产生的现金流量净额:

第四,确定"汇率变动对现金及现金等价物的影响",如表5-4所示。外币现金流应当采用现金流量发生日的即期汇率(与现金流量发生日即期汇率近似的汇率)折算。汇率变动对现金的影响额应当作为调节项目,在现金流量表中单独列报。

表5-4 汇率变动对现金及现金等价物的影响

四、汇率变动对现金及现金等价物的影响
五、现金及现金等价物净增加额
加:期初现金及现金等价物余额
六、期末现金及现金等价物余额

5.3 四个方法让债务低于现金流

有些公司账面上现金很多,可是实际可用的现金却并不多,因为都是写在"应收账款"上了,说明公司进入了盲目扩大期,若对下游公司的应收款不能及时追讨,会陷入被绞杀的局面。还有些公司现实的现金不少,但其"应付账款"和"应付票据"上的数字很大,已经超过了实际现金量,出现了现金难以抵偿债务的情况,若此时遭遇上游公司的追缴,公司资金链就会断裂。这就是债务高于现金流的两种状态,对公司的经营和未来发展都非常不利。

☞ **认清债务高于现金流的危险**

有一家小公司,做跨境贸易。生意额逐步增加,利润还算可以。销售额做到1000多万的时候,创始人本想大力拓展,没想到却迎来了巨大的危机。

下游客户有一笔100多万美元的货款没有到账,导致公司资金链断裂了。当月没领到工资的员工就开始闹事,然后上游供应商纷纷来讨账,并报警称该公司开出的支票跳票。随后又被公司开户银行放进了不诚信客户名单,失去了今后贷款的资格。

在此危急存亡之时,创始人找到了一家金融机构借到了100万美元流动资金,避免了这家小公司的倒闭。这就是耐克的故事,一个如今家喻户晓却曾经步履艰辛的著名品牌。

为什么会引发这场危机?原因就是公司的"应收货款"超过了自身所能承受的极限,这些款项无法及时收回,导致公司现金流不够。并且牵一发动全身,涉及到现金的方方面面都会因为对自己利益的考虑而前来发难,让原本就脆弱的资金链瞬间崩溃。

这个故事告诉我们：如果把公司比喻成一个人，"现金流"就是身体里的血液，债务就是血栓，严重了就会影响血液流动，导致身体垮掉。

那么，如何确定最佳的现金流量呢？公司应该在降低风险与增加收益之间，寻求一个平衡点，只要保持住这个平衡点，公司永远不会出现债务缠身的局面。

下面介绍几种方法，以控制公司的现金流生命线。

1. 对"应收账款"和"应付账款"分别对待

有以下方法可以帮助公司加速收回账款：缩短现金周转期、压缩收账流程、实现现金集中管理、加速回收应收账款等。

还可以在不损害公司信用的前提下，尽可能推迟支付应付账款。比如：利用浮存量、采用承兑汇票、设立单独的支付账户、设立零余额账户、远距离付款等。

看起来这是两种对自己绝对有利的"无赖"举措，但经营中涉及拖欠与被拖欠是常存性状态，做到加速收回款项和推迟应付款项本身也是经营者能力的体现。但任何行为还是要建立在信用的基础上，不能让公司陷入失信的死地。

2. 产品账款尽量先前收取

公司对于第一次来购买产品的用户，一定要让对方先付货款，并且是全款，然后再提货。不要认为这样会得罪用户。"一手交钱，一手交货"是很正常的经营状态，何况是首次合作，双方不了解，能够结算清楚对于双方都是利大于弊的，既能加快交易节奏，又能快速建立信任。

此外，还需要随时记录每名用户的付款情况，根据其信用指数制定相应的付款条款。对于信用好的用户，可以将预付款的比例适当降低，但最多不低于成本；对于信用差的用户，就要将预付款的比例适当提高，甚至直接收取全款，如图5-5所示。如果原来信用好的客户发生拖欠行为，其信用指数就要立即降低，马上提升预付款的比例；如果是信用很差的用户，要么放弃合作，要么就收取全款，没有商议的余地。

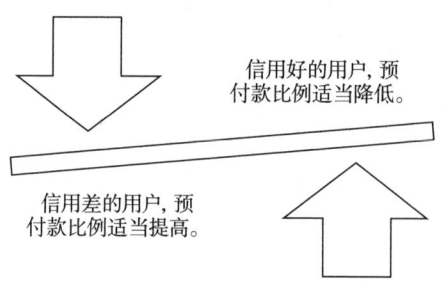

图 5-5　建立用户信用指数

这样做的好处,一可以给用户以警示,把风险降到最低;二可以给信用好的用户以尊重,提高优质用户对公司的好感。

3. 对固定资产的投资应放缓

对于大型成套设备和厂房的购买行为,对一些规模已经足够大的公司是可行的,毕竟想要发展就要有一整套完整的体系。

但在现实中一些实力不够大的公司,甚至是才赚到了第一桶金的小公司,若迫不及待地购置大型设备或厂房,资金会被严重消耗,待到厂房和大型设备建好后,公司也被债务拖垮了。

所以,对于中小公司来说,如果是急需的、又是占用资金巨大、建设周期长的大型生产设备或固定资产,一定要尽量租用。虽然短期内支付的租金相对多一些,但能保留下足够的现金流,支撑公司的良性运转。

4. 不接超过公司生产能力的大单

接大单是很多小公司梦寐以求的好事,毕竟一个大单"砸"来,会有很可观的利润。但是利润大的,风险相应也大,接单之前要保持冷静,看清楚这张"饼"是否大得足够噎死人,因为完成大单是需要大额资金支持的。

如果确实暂时无法吃下,那就忍痛割弃,不能做贪眼前不求长久的蠢事。当然,轻易地丢掉大单是每一个生意人都难以接受的事情,除了割弃还可以考虑与他人分享,就是和同行业中与自己实力相仿的公司进行联合,将订单的一部分转包出去,这样风险降低了,也能赚到一部分利润。

5.4 确定最佳现金持有量控制标准

现金的最佳持有量是现金管理的重要内容。最佳现金持有量又称"最佳现金余额",是指现金既满足生产经营的需要,又在现金使用效率和获得效益最高峰时,公司现金的最低持有量。也就是说,最佳现金持有水平既能满足公司日常业务需要,又能最大限度地减少因持有现金而丧失的潜在收益。

最佳现金持有量的确定方法主要有:成本分析模式、现金周转模式、存货模式和随机模式。

5.4.1 对持有现金进行成本分析

公司持有现金的成本有三种类型。

1. 机会成本

选择持有现金,就不能将其投入到生产经营活动中,因此失去了获得收益的机会。公司为了经营业务、应对意外和规避风险,必须在任何时候都持有一定的现金数额。但现金拥有量过多,机会成本的代价就大幅度上升了,也是不合算的。

2. 管理成本

公司里现金的储备方式,不是存进银行,而是以投入、投资等形式存在,是需要专业人士或团队来管控的,因此就会产生相应的管理费用。只要有资金储备,就会有管理成本,这是固定不变的,但与现金持有量之间无明显的比例关系,几千万元或几十亿元可能都只需要三四个人的团队而已。

3. 短缺成本

如果公司缺少必要的现金支撑,就不能应付常规或非常规的业务开支,因而使公司无法正常运营或扩展,导致引发损失或为此付出代价。现金的短缺成本随现金持有量的增加而下降,又随现金持有量的减少而上升,如图5-6、图5-7所示。

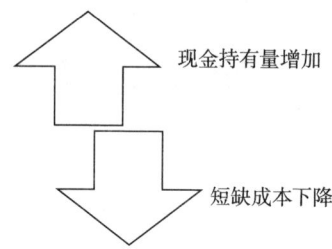

图5-6 短缺成本随现金持有量的增加而下降

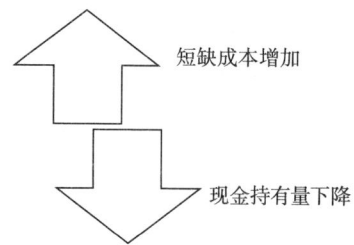

图5-7 短缺成本随现金持有量的下降而增加

上述三项公司持有现金成本相加得出的和值中,最小的现金持有量,就是最佳现金持有量。这是最为常用的一种方法。

5.4.2 通过现金转换控制持有量

我们已经知道,若公司持有较多现金,会降低现金的短缺成本,但会增加现金占用的机会成本;若公司持有较少现金,会减少现金占用的机会成本,但会增加现金的短缺成本。

某公司平时只持有较少的现金,现在需要现金,但手头现金已用尽,怎么办?可以通过出售有价证券换回现金,也可以从银行贷入现金。这样做的好处是,既满足了对现金的需要,又降低了机会成本和避免了短缺成本。因此,适当的现金与有价证券之间的转换,是公司提高资金使用效率的有效途径。

但是，如何确定现金转换的次数和转换的量呢？毕竟一个公司可以承受的与金融机构的现金转换次数是有限的，转换量也是有限的。此时就可以通过存货模型来确定。

公司每次与金融机构进行现金转换，是要付出交易成本的，如支付经纪费用等。毫无疑问，现金的转换次数和每次转换量决定了现金的交易成本的多少。

以现金每次交易的成本固定进行说明：某公司在一定时期内，每次以有价证券或银行贷款换回现金的数额越高，说明公司日常持有的现金量越高，因为高额的金融产品往往都是分数批购入的，然后在某一时刻集中售出，只有在日常现金充足的情况下，才会购入金融产品，这样的公司所需进行转换的次数反而很少，毕竟不缺现金，相应的现金的交易成本也越低；反之，若每次以有价证券或银行贷款换回现金的数额越低，说明公司日常持有的现金量越低，这样的公司所需进行转换次数会越多，现金的交易成本也越高。

5.4.3 在"热气球模式"中找到最佳标准

现金的流入与流出不可能总是稳定的，相反更多时候是不稳定的，因为公司常会受到不确定性因素的干扰，在这种情况下，确定最佳现金持有量就不能用常规方式，需要用到"热气球模式"。

根据公司发展的过往经验和现实对现金的需要，测算出现金持有量的控制范围，这个控制范围就是现金持有量的上限和下限，并将现实中的现金持有量控制在该上限与下限之内，如图 5-8 所示。

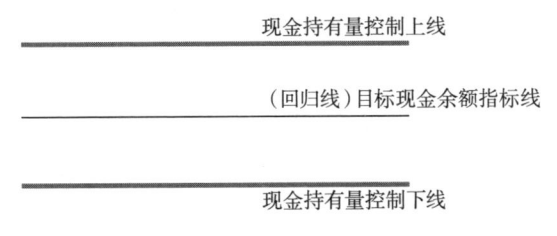

图 5-8 最佳现金持有量的随机模式

将现金持有量维持在上限和下限之间，就像是要将热气球始终控制在一个高度上。控制热气球的方法是，下降了就加大火力，上升了就关小火力。而保持现金持有量在上限和下限的方法也雷同，当现金持有量达到控制上限时，用现金购入有价证券，使现金持有量下降；当现金持有量降到控制下限时，则抛售有价证券换回现金，使现金持有量回升。

5.5　做好预防工作，保证资金链不断裂

资金链是公司运营的内在"保命丸"，也是外在"显示器"。因为资金链断裂只是直接问题的反映，实质上是公司缺乏财务风险防范和现金流的管理能力所致，属于无法挽救的失败。因此，在经营发展的过程中，一定要全面培养风险管控能力，不能一味求大、求快、求强。

☞ 资金链断裂的形成原因

很多公司倒闭的原因，不是订单减少，不是销量不好，也不是亏损，而是资金周转方面的问题。资金链一断，公司就像人血液枯竭，只有死亡这一条路了。

2013 年，辰华纸业在多家银行支持的情况下，连续收购了四家纸箱厂和一家造纸厂。不料第二年银行政策突变，收紧贷款，对于造纸行业更是只收不放，辰华短期内资金链断裂，欠下巨额债务。

2014 年 7 月，杭州荣海包装制品有限公司老板胡某被爆"失联"，工厂陷入停产状态。导致该厂经营状况急转直下的原因是胡某投资建设了一栋九层楼房，从而导致资金愈发紧张，工厂在彻底停产之前的一段时间就已经陷入无法正常经营的局面。

2018 年 7 月底，北京邻家便利 168 家门店陆续关闭，其母公司也于第二天停止总部各项业务。原因也是因为资金链断裂，母公司唯一的出资方受到警方调查，公司基本账户与一般账户均被银行冻结。

类似这种因资金链断裂而倒闭的悲剧每天都在上演，为什么会出现资

金周转危机呢？

1. 营运资金不足

或因公司扩张过快，过度交易，导致资金不足；或因存货增加、收款延迟等，造成现金周转速度减缓，无法满足公司日常生产经营需要；或因生产速度过缓，资金被长期占用，短期内却无法形成收益，可用资金匮乏。

2. 信用风险

发生了非人为、又不可预见性的状况，造成应收账款无法收回，形成突发性坏账；采用过度宽松的信用策略进行大量赊销，虽在一定程度上扩大了市场份额，但也潜伏着巨大的风险。

3. 投资失误

扩张是不少公司发展过程中的思路，但扩张的步子一旦迈大了，或进入不具有相应能力的上下游产业，或不顾公司实际能力和专业水准实行横向发展，最终都将导致无法产生预期效益的不良效果，甚至导致公司迅速崩溃。

4. 承担连带风险

为其他公司进行担保、借贷等业务，却因对方发生重大损失或关门而受到牵连，引发资金链风险。

总之，如果公司出现了上述四种状况中的一种，说明会有资金链断裂的危险，就必须要立即采取措施，及时应对，避免恶劣事态的出现。

相对于出事之后的弥补，未发生之前的防范更为重要，下面给出几种防范资金链断裂的方法。

1. 谨慎扩张，防范性投资

很多优秀公司都"猝死"在扩张阶段，因为这个阶段铺开的摊子太大了，会占用大量资金，而这些资金在扩张尚未完成的阶段内无法实现回笼，即便扩张完成初期，也难以快速获得大量利润。因此，当公司准备进入扩展阶段，必须提前着手准备，避免资金流断裂。那么，要做哪些准备呢？

（1）控制扩张速度。不要因为利润空间很大就放心大胆地扩张，必须要明白这些飘在外的投入不一定都能收回来，或者公司挺不到收回来的那一天。

（2）做好风险基金的预留。无论到什么时候，留下一定的、能够保障公司度过危机的资金都是非常有必要的。预留的资金要根据公司规模和经营模式而定，但通常为最大现金流的30%。

（3）保证投资规模与公司的资金实力相匹配。扩张离不开对外投资，但投资必须谨慎，不能盲目，投资的数额也不能超过公司的承受能力。

（4）做好下一步的融资计划。融资是确保公司资金链充足的重要因素，但若在下一个阶段的储备资金没有到位的情况下，也就是融资计划尚未做好之时，宁可牺牲发展速度，也不能轻易将现有资金投出。

2. 赊账有度，控制坏账风险

赊账是很多公司经营中的常见招数，因为可以加速发展，对上游可以向其他公司赊购原材料或设备等，对下游则可以允许用户拖欠货款。这种状况下经营，短期内一定会出现繁荣的局面，但长期维系就会有如履薄冰之感。因为要时刻担心赊在外的账款会坏掉，一旦哪笔大宗账款无法收回，资金链就会立即出现危机。

但是，也不是绝对不允许赊账，毕竟这是经营中不可或缺的一种模式。只需在允许赊账的情况下，设定一个合理的额度值，对于上游公司要设定还款日期，保证自己的信用；对于用户则以额度值为界限，一旦超过就要断然停止供货。还有种情况就是，有些下游客户的信用本就不好，那就干脆不要给这样的客户任何赊账的机会，没有全款就不和其进行交易，免得以后引来麻烦。

3. 谨慎担保，避免无谓损失

无论是公司行为还是个人行为，替人担保常有三种原因：要么是自我保护意识不强而签字替人担保，要么是明白其中的风险但碍于情面难却，要么是因利益诱惑而主动挺身而出。无论是哪一种原因，替人担保都潜藏着风险，如果对方动机不纯怎么办？如果对方无力偿还怎么办？如果对方赖账不还怎么办？因此，避免担保风险的最好办法是谢绝，这样才能避免不必要的麻烦。

实在推脱不掉的，法律专家给出了三点建议：一是搞清楚是为谁担保，考查担保人的诚信度和真实度，核实对方的经济状况；二是知道担保什么，明了借款金额、期限、用途及担保范围；三是掌握担保人享有的权利和义务，比如是一般责任还是连带责任，还要考虑自己的偿还能力。总之，不要因为一时碍于情面或贪图小利，而做出让自己后悔莫及的事。

5.6 提高获现能力，加大现金流量

公司为什么能活下去？为什么能发展壮大？为什么能长久不衰？原因很多，但最为主要和直观的原因就是因为公司具有良好的获现能力。只有获得更多的现金，才有机会储备更多的现金，也才能加大现金流量。

5.6.1 获现就是获得利润

任何公司都是以盈利为目的的生产经营组织，追求最大利润是这些组织角逐市场的现实目标。因此，衡量一个公司的生存发展战略，既要以利润为出发点，又要以利润为核心，最后还要通过利润来体现。

利润就是销售收入减去成本后的数值。这个数值实际上相当于一个尺度，度量公司为用户创造的价值高出公司所使用相关联资源的社会成本多少。

通常情况下，公司给定的某种商品的市场价格，一定是高于所使用的相关资源的社会成本。如果用户愿意支付该价格，说明认可了商品，公司就有盈利了；如果用户不愿意支付该价格，说明不认可商品，公司就面临亏损的危险；如果用户支付的价格低于该价格，也是不认可商品，公司一定是亏损的，如图 5-9 所示。

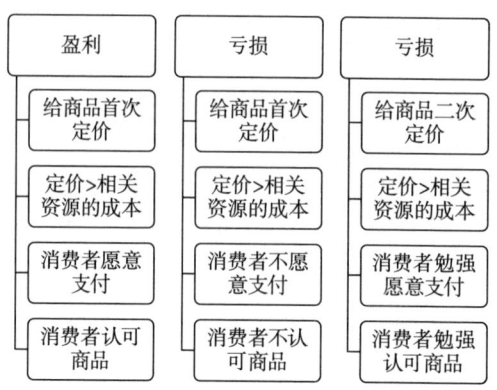

图5-9 利润与商品定价、相关资源的关系

5.6.2 做好成本管控

杰克·韦尔奇说:"唯一真正有效的成本削减途径就是同时减少作业。要尽量删去那些无效的成本,但不能轻意去做那些不该做的事。"

公司不能管理成本本身,而是要管理导致成本发生的内在流程和作业。传统成本控制并消灭增加成本的原因,只是简单削减预算,成本最终会因为原因的存在而恢复到原有水平。

如今,成本控制的立足点,已经从传统的生产阶段转移到产品规划设计阶段,从业务下游转移到源头。这种管控方式的优势是,从一开始就对产品的生产实施充分透彻的分析,将后续过程可能造成大量无效作业的机会降到最低,避免了耗费无谓的成本,使大幅度降低成本成为可能。可以总结为,一方面消除非增值作业,一方面改进和提高增值作业效率,优化作业链和价值链。

5.6.3 各环节联动,形成集体盈利链条

如今,做大做强的模式已经不再单一了,需要发动头脑风暴,从可能的各个角度切入,实现盈利。

某品牌女士睡衣,只有两款——吊带和齐肩,只有两色——橙色和紫

色，售价为 188 元/件。公司的销售方式就一个字——送。对！免费送！

怎么送呢？睡衣免费，但用户需承担 23 元的快递费，支持先验货、货到付款和退货。总之用户方零风险。只要花 23 元快递费就可以得到一件一百多元的女士睡衣。大家愿意吗？当然愿意。

送多少件呢？第一阶段送 1000 万件，售价相当于 18.8 亿元人民币。不要认为这家公司要拿近 20 亿元砸市场，因为在这个过程中人家赚得盆满钵满。

服饰类商品的利润如果去掉中间环节是很高的。比如一双几百元的皮鞋，成本约为几十块，中间的钱被商场、广告商、销售人员拿走了。该品牌睡衣的成本价为 10 元/件，但因为一次生产 1000 万件，而且款式和颜色都很简单，最终 8 元/件被加工厂承接了。

因为有 1000 万件待发，任何快递公司都会抢着接收这个大单，又仅是一件夏天睡衣，轻便小巧，最终运费为 5 元/件。

网站对于免费送产品的广告是不收钱的，因为这可以帮网站获得点击量。但如果保证"在你家网站送出去一件，就给 3 元钱提成"，网站恐怕能把广告打到疯狂。于是，同一时段竟然有 157 家网站都在为该品牌睡衣打广告！

我们可以算一笔账，23 元（快递费）减去 8 元（制作成本）减去 5 元（快递成本）减去 3 元（广告成本），还剩下 7 元，这就是利润了。也就是说，只要送一件睡衣就赚 7 元钱。最终不到一年，这 1000 万件都"送"出去了，公司净赚了 7000 万元。

接下来，再算一算其他环节的利润：加工厂每件只赚 1 元钱，但最终赚了 1000 万元。快递公司每件也只赚 1 元钱，但也有 1000 万元的利润。网站打广告本就没什么成本，送出一件就净赚 3 元。三方加在一起才赚了 5 元/件，毕竟这种盈利模式是别人想出来的。

其实，这家公司从总裁、设计总监、销售总监、到会计，一共才四个人，但这个优秀的商业模式付出不多却收益很大。

第6章
品牌成为IP，公司估值才能无限大

有品牌的公司是首脑型企业，无品牌的公司是肢体型企业，现在的市场竞争格局是无形的控制有形的。品牌竞争力是产品战略中最核心的问题，也是公司估值中价值最大的组成部分。

6.1 打造一个价值无限的IP品牌

"再好的美酒,如果没有品牌,只不过是变了味的水!"这句话虽然听起来不是那么顺耳,却十分贴切地描述了品牌对于产品的重要性:品牌给产品注入了生命,它是一个产品乃至一个公司的灵魂。

6.1.1 认识品牌的价值

企业想要获得好的估值,还需要一个好品牌。品牌是一个企业的标签,甚至是一个企业的经济支柱。有了过硬的品牌,企业在融资或者上市时才有话语权。

同时,品牌价值是品牌管理要素中最为核心的部分,也是品牌区别于同类竞争品牌的重要标志,如图6-1所示。

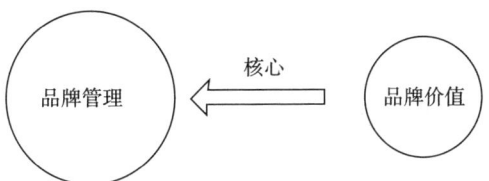

图6-1 品牌价值是品牌管理的核心

哈佛大学商学院教授迈克尔·波特在其《品牌竞争优势》一书中提到:"品牌的资产主要体现在品牌的核心价值上,或者说品牌核心价值也是品牌精髓所在。"

"品牌价值"源于经济学上的"价值"概念,表明品牌具有使用价值和商业价值。"品牌价值"的核心内涵是品牌具有用货币表示的"财务价值",以便商品用于市场交换。

品牌价值主要通过两个方面表现。

（1）品牌在某一个时点用类似有形资产评估方法计算出来的金额等于市场价格。如果它是适当的，或者是可确认的，则可出现于资产负债表。

根据美国公认会计原则的阐述，品牌作为无形资产具有无限的生命力，美国公司必须在资产负债表上将所购并的公司的商誉资本化。品牌价值不需要在损益表上摊销，但要经过年度亏损检验，如价值下降，则其结存价值必须降低。

（2）品牌价值是品牌在需求者心目中的综合形象。这主要包括其属性、品质、档次、文化、个性等，代表着该品牌可以为需求者带来的价值。

品牌价值的这些多样化的价值理论，使得品牌价值被赋予了不同的内涵，如图6-2所示。

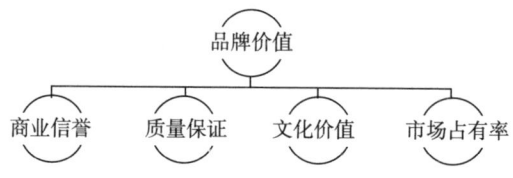

图6-2 品牌价值包含的内容

根据劳动价值理论：品牌价值是品牌客户、渠道成员和母公司等方面采取的一系列联合行动，能使该品牌产品获得比未取得品牌名称时更大的销量和更多的利益，还能使该品牌在竞争中获得一个更强劲、更稳定的优势。

由此可以看出，品牌作为一种无形资产之所以有价值，不仅在于品牌形成与发展过程中蕴涵的沉淀成本，更在于它是否能为企业带来价值，即是否能为企业创造更高的溢价以及未来稳定的收益有很大作用。

因此，大多数企业都在着力做品牌。比如，两个功能类似、质量相当的产品，一个籍籍无名，另一个是知名品牌，大多数用户会选择知名品牌，因为知名品牌的产品有价值、有保证。同样，如果是融资，假如你是投资者，你会选择把资本投放在哪个企业呢？

6.1.2 单一品牌战略——打造IP品牌

知道了品牌对企业估值的价值，那么接下来就是如何打造品牌的价值？也可以说如何打造一个过硬的品牌。在互联网时代，塑造 IP 品牌更是形势所需。

诸如 VIVO、OPPO、小米这些企业都是 IP 品牌，他们的品牌战略都有一个特点，那就是单一品牌战略。品牌战略中有单一性也有多元化。我们主要来看单一品牌战略。

单一品牌战略是以一个品牌覆盖全企业的全部产品，较少采用品牌延伸战略。除了互联网电子产品之外，在用户最常关注的快消品领域也有很多单一品牌战略形成的品牌价值。

康师傅采用统一的主品牌 + 多个副品牌的组合。如"康师傅 3 + 2 苏打饼干""康师傅红烧牛肉面""康师傅冰红茶"等，都是在"康师傅"这个统一的主品牌下加上不同的副品牌，组合而成一个大的品牌战略。

这样的方式主要依靠的是一个过强过硬的产品带动一系列的产品。以此来打开市场，赢得用户支持。这样的企业往往市场前景非常可观，用户认可度也较高，因此也就自然镀上了一层品牌金，是很多投资者向往的企业。

6.1.3 多品牌战略——打造品牌价值

除了单一品牌战略之外，还有多品牌战略打造企业的整体价值。多品牌战略方针主要是指企业会发展一系列的并列产品，这些产品同时为企业增加价值。

达利集团旗下有多种为人们所熟知的品牌，如"可比克"薯片、"好吃点"饼干、"达利园"小面包，等等。

宝洁公司更加驰名，旗下有海飞丝、飘柔、潘婷、沙宣等品牌。这些多品牌的品牌战略也为这些企业提供了更好的品牌发展价值。

企业品牌价值的提升不仅体现在战略上，更重要的是企业的自身定位和创新发展。对企业自身的定位要把握准确，不能盲目发展，要认清楚企业自身的实力，自身定位正确，才能一步一步向上发展。关于品牌的定位我们在后面的内容中会详细讲述。

此外，还要注重创新发展，任何事物都不是一成不变的，品牌也是一样。

要及时把握市场需求，不断创新优化企业自身的品牌价值，做到紧跟市场和时代的步伐，才能让企业的品牌价值不断提升，企业的未来发展才能更加美好。

6.2 定位：你要靠什么占领用户心智

一个公司的估值在于品牌的打造。一个品牌的打造在于定位。有了好的定位，你的品牌才能成型，才可以有规划。如何做好品牌定位呢？这就必须要占领用户的心智。心智是什么？

6.2.1 像"百子柜"一样的心智结构

"心智"是定位论创始人杰克·特劳特最喜欢讲的词汇，因此其所著的《定位》的副标题就叫作"争夺用户心智的战争"。特劳特在《什么是战略》一书中提到："人类心智如同计算机的存储器，它会给每条信息（每个品牌）分配一处空位并保存下来。"

特劳特还告诉人们："你可以设想在心智中有一系列梯子，每个梯子代表一类产品，每一层上有一个品牌名称，就是这样大致地归类。"

我们可以形象地用一个"百子柜"来表示。为了区分品类众多的中药，人们发明了百子柜，那么心智也可以这样表示，如图6-3所示。

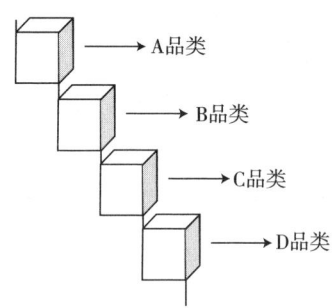

图6-3 "百子柜"心智图示

换句话说，定位所谓的心智就像中药店里的百子柜，在这个百子柜上整齐排列着一个个抽屉，一个抽屉代表一个品类。

下面来具体分析这个说法。比如，拉开 A 抽屉，里面放着 5 张卡片：苹果、三星、小米、华为、VIVO……

解析：

苹果——代表智能手机领头羊品牌。

三星——代表安卓手机领头羊品牌。

华为——代表中国智能手机领头羊品牌。

小米——代表直销手机。

vivo——代表音乐手机。

很多人会问为什么这个抽屉里面是 5 张卡片（品牌）？因为从定位论的理论来看，在每个品类下面用户最多只能记住 5~7 个品牌。

再比如，你打开电视品类这个抽屉，里面整齐排列着索尼、夏普、菲利普、LG、海信等卡片。索尼的卡片上会写着质量过硬；夏普的卡片上会写着高清晰；菲利普的卡片会写着 3D 技术；LG 的卡片上会写着曲面屏；海信的卡片上会写着物美价廉等。

与此同时，卡片的排列越靠前，被用户选择的可能性也就越大。每当用户想买什么东西，就在这个柜子照方抓药、按图索骥。这就是心智。

在很多产品经理眼中，用户心智大约跟机器差不多。既然用户心智如此简单，品牌要做的就是为品牌赋予一个特性，不断强化用户认知，往用户的心智抽屉里多塞一张卡片，并且使卡片在抽屉里的顺序越来越靠前。

但是，真正的定位不应该只是强调品牌与特性的定位，还应关注用户的认知过程和心理过程。用户的认知过程包括：感觉、知觉、记忆、思维、想象等；用户的心理过程包括：情绪、情感、意志、动机、人格等。可见，占据用户心智是一个全方面综合性质的活动。

6.2.2 争夺心智的行动

☞ **拒绝"砸"广告的夺取心智行为**

很多企业想要快速打造品牌,于是在品牌定位时,为了攻占用户心智,开始拿钱来砸广告,试图灌输给用户自己的卡片。但实际上这样的做法并没有太大效果。

瓜子二手车花了两年时间烧掉了三亿广告费,但是收入却远远不如广告费。为什么?

因为那句"成交量遥遥领先、没有中间商赚差价",根本无法唤起用户的共鸣和认同。

2016 年,诺贝尔瓷砖抛出"瓷抛砖概念",强调自己是新一代瓷砖,全球首发。试图通过开创瓷抛砖品类影响用户心智,一年投了 10 亿广告费,结果却差强人意。为什么?

因为用户根本搞不懂"瓷抛砖"是个什么东西。

可见,大量砸广告对用户进行洗脑的夺取心智方法是不科学的。对于企业品牌策划来说,想要攻占用户心智,必须直面用户的内心去沟通,去寻求共鸣和认同。

☞ **直面用户内心,提供解决方案并寻求认同**

关于这一点,江小白做到了。

去重庆一定要吃火锅,其中很大一部分人会说:"老板,再来一瓶江小白,要青春版的。"

江小白是重庆江记酒庄生产的一种轻口味高粱白酒,以红皮糯高粱为单一原料酿造而成。江小白的目标用户定位于新青年群体,在一部分人感叹"年轻人不懂白酒文化"时,江小白则认为是"白酒不懂年轻人"。它抛弃了传统白酒高档的包装,倡导简单纯粹,以印在瓶身的走心文案与用户互动,在竞争惨烈的白酒市场硬生生杀出了一条血路。

2011 年成立于重庆,2012 年 3 月推出第一款高粱白酒"我是江小白"。在最难混的白酒行业,江小白做到了年销售额三亿元、每年 100% 逆势增长、京东官方旗舰店两周销售 1000 万元。这是江小白用了 5 年取得的成绩，一份意想不到的成绩。

江小白的成功最重要的就是定位，拿下了用户的心智。江小白使用的定位是美国营销学家菲利浦·科特勒提出的"STP 战略理论"，如图 6-4 所示。

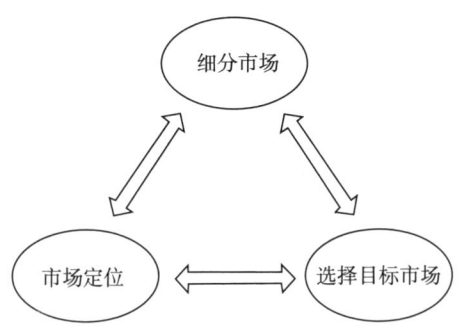

图 6-4　"STP 战略理论"

企业打造品牌，在定位时，一定要将这三个问题想明白、想透彻。

有了这个理论，然后在这个理论的基础上，江小白分析用户，从场景出发，定位于为特定的消费场景提供解决方案。比如，我们喝酒的动机是什么？商务应酬、联络感情、释放情绪……其实这些都是一个个常见的场景。产品应该是为特定的场景提供解决方案的。仔细分析，可以发现江小白的定位是以下三种消费场景：

（1）小聚会：三五同事、朋友、同学之间的非商务应酬。

（2）小时刻：表白成功、拿到满意的奖金、被领导表扬、跳槽等小时刻。

（3）小心情：想起高中坐在前排的她、想起大学的篮球队和兄弟们、想起第一次走出校园的恐慌等这些特殊的小心情。

小聚会、小时刻、小心情，这就是江小白的产品定位，为这样三种消费场景提供了多系列的产品。它提倡年轻人直面情绪，不回避，不惧怕，做自己。这种定位战略，帮助江小白在竞争惨烈、巨头垄断的白酒行业开辟了一片新蓝海，是其取得成功的重要战略之一。

试想一下，如果你是手握几亿元的投资者，你是不是也想在江小白身上投资。

6.3 聚焦：围绕用户需求打造品牌 IP

越来越多经济发展的主流观点逐步统一为一个观点：互联网时代，消费需求不是在减少，而是在发生改变。消费市场正在经历由传统的消费主导时期，步入新消费时期。

看一下传统消费和新消费的区别，如图6-5所示。

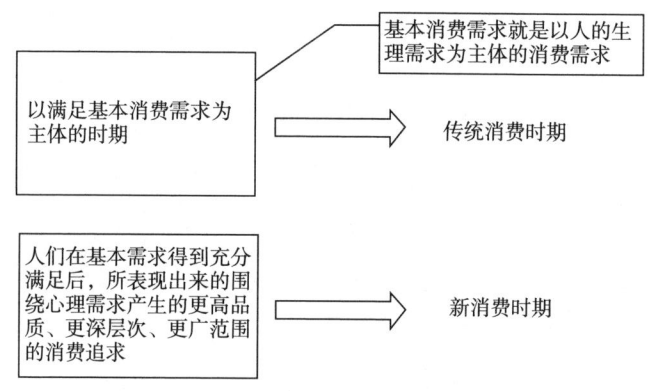

图6-5 传统消费时期和新消费时期的区别

6.3.1 分析消费需求从马斯洛需求开始

美国社会心理学家亚伯拉罕·马斯洛把人的需求划分为5个层次，如图6-6所示。

人的需求依次由较低层次到较高层次排列，在较低层次需求得到满足之后，自然上升到较高层次的需求。

对其通俗的理解是假如一个人同时缺乏食物、安全、爱和尊重，通常对食物的需求是最强烈的，其他需要都显得不那么重要。此时人的意识被饥饿所占据，所有能量都被用来获取食物。但是，当人从生理需要的控制

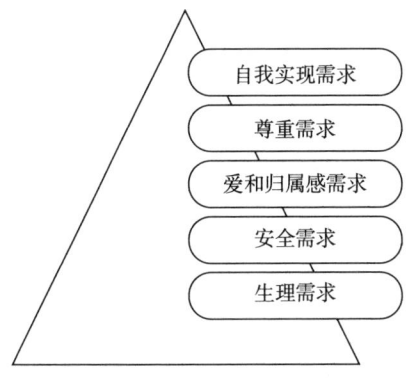

图6-6　马斯洛需求理论

下解放出来时，就会产生更高级的、社会化程度更高的需要。如安全、健康、交往、娱乐等方面的需要。并且这种需求可能是爆发式的、颠覆式的。

用户的任何需求，必须通过一定的载体表现出来。即表现在消费上，可以划分为基本消费需求（生理需求）和意识消费需求（心理需求）两个不同阶段。

基本消费需求是一种"刚性"需求，是一种统一性的需求，是一种直接表现出来的需求。

意识消费需求是在基本消费需求得到满足，所产生出来的新的消费追求。它是源自基本消费得到满足，但不满足于基本消费，也就是说在新的意识消费时期，消费需求绝不仅仅满足于基本消费需求，用户对某种需求完全赋予了一种新的理解、新的期待。它甚至是一种个性化的消费需求，是因人而异的，是对更高品质、更深层次、更广范围的消费追求。

6.3.2　提出解决方案，助力用户挖掘出深层次的需求

挖掘深层次的消费特点，主要作用是把握用户本质，以掌控未来的消费变化。

由于意识消费是一种模糊化的消费需求，它不会直接表现出来，不会直接呈现给企业，因此，意识消费需求需要我们去挖掘。换句话说，挖掘

深层次的消费需求，才能聚焦产品，打磨好一个产品，塑造成一个有力度的品牌。

这需要企业运营者充分分析、准确把握现阶段消费需求的特点。当然，这种分析、把握不会只是简单的、基于表面上的，而是需要紧密结合当前消费需求，要在深度思考的同时把握本质、趋势性的消费变化。

企业需要为用户提出完整的、系统的、准确对接的、合理的需求解决方案。只有提供完整的场景展示，才能激发用户的意识需求，通过这种有效的展示，引发消费。可以参考零食品牌三只松鼠的做法。三只松鼠提供给用户的是什么呢？是坚果吗？那只是一小部分。

事实上，三只松鼠更重要的是提供某种"陪伴"（符合用户的意识消费需求）。如果一个刚步入社会的年轻女孩可以通过消费三只松鼠这样的快时尚食品，拥有值得"晒"的生活内容，比如有大眼睛和松鼠面孔的包装盒、带有面孔和耳朵的封口夹、一封手写的明信片，以及各种各样的公仔与手办等。

当用户打开包装后就被一系列带有惊喜的小物件俘获，这些产品满足了用户陪伴的需要，并且和社交场景息息相关。这个情节也出现在了火爆的励志电视剧《欢乐颂》里面，剧中邱莹莹和关雎尔拿着三只松鼠的坚果分享片段，很多用户都在这种情节中找到了共鸣。

像三只松鼠这样的品牌就有效地抓住了用户的深度需求，聚焦产品，打造出了一个有说服力，且有前景的品牌，如此怎能不受大家欢迎呢！

6.4　形象：给品牌设计一个超级符号

企业想要做大，必须要有品牌形象。品牌形象是指企业或其某个品牌在市场上、在社会公众心中所表现出的个性特征，它体现公众，特别是用户对品牌的评价与认知。

品牌形象与品牌是不可分割的，形象是一个品牌表现出来的特征，反映了品牌的实力与本质，也是品牌的一个超级符号，它包括以下内容，如图6-7所示。

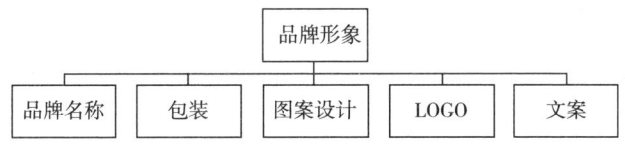

图6-7 品牌形象

形象是品牌的根基，所以企业必须十分重视塑造品牌形象。从心理角度来看，品牌形象反映的是品牌在用户记忆中的图景。

俗话说："人靠衣装，佛靠金装。"一个企业从最初就要注重品牌形象。只有品牌形象才能撑起整个企业的发展，让企业有价值。

6.4.1 在严谨的调研数据下打造品牌标志

在设计一个品牌的标志形象前，我们首先需要做的是去调研和研究你的竞争对手和潜在客户，即竞品调查。

这个环节不单有助于让你的店铺品牌形象从众多对手中脱颖而出，还帮助你从你的竞争对手身上了解到什么样的视觉营销策略和销售技巧更吸引用户。

我们在调研分析竞争对手和市场的同时，还可以挖掘到更多相关的元素信息，这些资料都可以成为我们自己的品牌视觉形象的灵感和素材。

比如，你的品牌是女士内衣（假想品牌）。该品牌想要传达的信息是提供高性价比的产品，缓解都市生活压力的同时，给客户提供舒适高质量的内在生活。根据品牌的理念以及结合我们前期搜集到的相关元素信息，再从这些信息中提取所有有用的信息或者元素，并且把他们总结为关键词或者一句话，实体产品图片也要作为一个元素摆出来，可以得到如下的关键词和元素：20~30岁女性、舒适、简约、日系、自然、亲肤，等等。

依次把这些关键词写下来，再根据搜集的信息元素和关键词，进行头脑风暴，发散思维，把所有能想到的都写下来，分析这些关键词能用什么形式表现出来。当然在后面的设计阶段会逐个思考每个方向的视觉设计方式。

6.4.2 打造品牌形象的"四柱支撑法"

品牌若想获得成功，有四个支撑点必须要做牢——IP 形象、LOGO 设计、产品质量、服务质量。下面逐一进行介绍。

1. IP 形象

IP 形象是品牌在市场上和社会公众心目中所表现出来的个性特征，它体现着公众，特别是用户对品牌的认知与评价。IP 形象是用户头脑中与某个品牌相联系的属性集合和相关联想，是用户对品牌的主观反映。品牌形象不但能使品牌产品在更大的广度和深度上吸引顾客，而且能培养顾客长期的品牌忠诚度。

所以，打造 IP 形象的环节，一定要拿出一个标志性的事件或者代言人，或者制造一个热门事件，让自己"火"起来。当这个元素快速风靡，你的品牌 IP 形象也就形成，客户头脑中会把这个热点与你的品牌属性结合起来，形成主观反应。

2. LOGO 设计

LOGO 是一个品牌与用户最直观接触的第一环节，LOGO 设计的好坏可以给用户带去震撼、惊喜、感动、无味、反感等作用。因此，设计 LOGO 需要专业设计师将品牌的整体文化和传达出来的诉求有效结合，加入艺术和美感的元素，最后呈现出一个让人印象深刻同时又能清晰表达品牌产品的标志。比如，耐克的"钩子"、腾讯的"小企鹅"、苹果的"被咬掉一口的苹果"等。

3. 产品质量

产品是反映一个品牌价值的核心元素，用户能否最终认可一个品牌，关键就在产品上。产品的质量是否好，产品能否满足用户的需求，产品是否能帮用户提高生活品质等，都是用户衡量一个产品优秀与否的因素。若产品能让用户放心、舒心、倾心,那么用户最终认可的将不只是产品,而是生产这款产品的公司。

4. 服务质量

服务质量体系是品牌形象建设的一个很重要的方面。一个企业的品牌形象通常都是通过潜移默化传达给用户的。因此,产品的服务和质量是企业品牌形象中的重中之重。提高服务质量的具体方法如下,如图6-8所示。

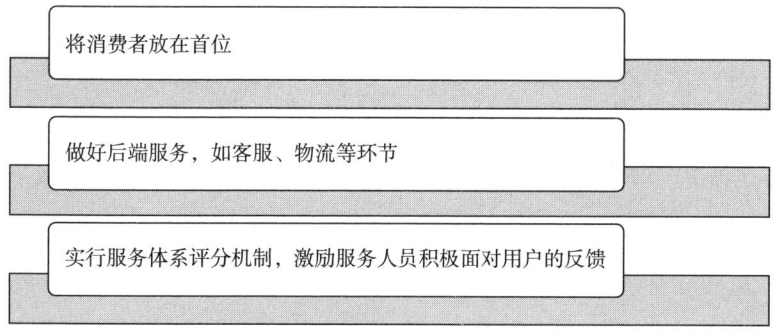

图6-8 提高服务质量的方法

优质服务可以不断提高用户的满意度,也更容易赢得用户的忠诚度。随着信息的发达,人们精神追求越来越高,用户不仅仅看重产品质量,更看重服务质量。当用户遇到服务质量差的产品时,就会对这个品牌产生很差的印象。因此,做好服务质量体系是打造品牌形象的一块很重要的木板。

6.5 人格:没有人喜欢冷冰冰的东西

互联网时代,品牌是基于人格魅力带来的信任与爱,是品牌的去组织化和人格化。就像三只松鼠、锤子手机、江小白,这些"性格各异"的品牌无一不活跃在大众视线中,自带话题与流量。换句话说,品牌人格化意味着品牌要具有人的情感,与用户进行真实的互动,让品牌充满生命力和活力。

6.5.1 找准品牌价值和定位

想要打造品牌的人格化,第一步就是做好定位。

你是一个怎样的品牌就决定了你的"人格"是怎么样的。以小米手机为例,为什么这个品牌能在短时间内声名鹊起?因为小米的定位选对了,不论是物美价廉,还是独特的小米系统,又或是小米的"米粉"文化,无一不围绕品牌情怀定位而来。

品牌选择了一个定位之后,就不能随意变化"人格"。品牌应该延续定位,深耕本领域,不断丰富品牌内涵。

比如汽车品牌MINI,将目光投向了都市生活,并且在这个基础上持续创新,为更多年轻人带来新鲜感。由此可见,人格化之路是不断创造PGC,运营好UGC。

做品牌,只要找到一个方向,在这个基础上持续坚持,不断重复,就能成为真正"时间的朋友"。当你真正地找到了品牌的价值和定位,就有了谈品牌人格的资本。

6.5.2 了解用户的人格

想要打造出独特的品牌人格,除了了解自己之外,更需要知道你的目标消费群体到底是一群什么样的人。这包括他们的特性、想法、诉求等。同时,还需要知道在你的目标消费群体中,群体的话语权掌握在谁的手里。

如果你的目标消费群体是90后,你是否懂得跟这部分群体对话?

你要知道一点,用户群体很容易从你的价值观、标签中识别到你是同盟还是敌人。如果你的品牌会说他们特有的话语,能够代表他们的心声和诉求,就会很快被他们识别出来,这样就能拉近和他们的距离。

用户在选购产品的时候,会无形中寻找与他人格一致的产品,这是一种必然且自然的行为。其中,人格一致可能是现实人格一致,也可能是理想人格一致。比如,注重家庭、安全的人可能会选择定位在"安全驾驶"的沃尔沃汽车;高端商务人士可能会选择定位"尊贵待遇"的奔驰汽车;放荡不羁爱自由的人可能会选择"自由奔放"的吉普越野车等。

人格化相当于一个标签,告诉别人"我是谁"(理想人格),也告诉自己"我是谁"(现实人格)。因此,想要打造品牌的人格化,前提需要弄清楚你的用户群体是谁?你能为他们提供什么样的人格?

6.5.3 找到自己品牌的性别

当思考清楚品牌的定位、目标消费群体之后,我们就进入更细化的一步了。既然品牌要人格化,那么必须要清楚你的品牌是男性还是女性,或者是中性。

这就好比,你只有知道自己的性别,才能知道该怎么打扮自己,是做男生打扮还是做女生打扮,是涂口红还是不涂口红。那么品牌的性别是如何划分的呢?通常根据三个要素来判断,如图6-9所示。

图6-9 品牌性别的划分来源

一般情况下,家电、数码、户外、汽车、运动这些类型产品偏"男性",往往是一个酷炫、力量、睿智的人格化形象。而日常消费品、生活方式类产品偏"女性"居多,它们往往是一个性感、温情、细腻的人格化形象。当然,还有中性品牌。比如,教育培训、企业服务、金融等产品就偏"中性"人格化形象。

因此,在选择自己的品牌性别时一定要根据品牌的价值观和定位来定,不能出现一个定位"高冷"形象,但天天说一些矫情的话的品牌。

6.5.4 根据品牌性格来选择品牌角色

品牌性格有很多选择,总有一种适合你的品牌和产品,比如,高冷的、幽默的、热情的、亲切的、卖萌的、懒惰的、勇敢的、内向的、细心的、沉稳的，等等。

大家都熟悉的熊本熊，它的主性格就是卖萌的，以可爱、囧萌的姿态与客户沟通。再比如，服装品牌 ZARA 表现的是高冷的性格，自身品牌对时尚设计和品质的追求，不在乎外界怎么看待，相信自己的品位和追求。

品牌性格在设定时千万要基于品牌价值观、定位和用户特性，同时也要基于事实的原则。需要注意的有两点，如图 6-10 所示。

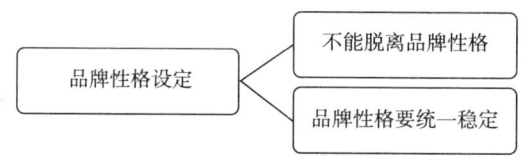

图 6-10 品牌性格设定注意要点

明确了品牌性格之后，接下来就要打造品牌角色。品牌需要扮演一个角色，与目标消费群体建立某种关系，如朋友、达人、专家，等等。

试想一下：老师是一种什么角色？老师的角色就是通过自己的专业性为用户拓展知识面，解决疑惑和问题。在这方面罗振宇就做得很好，他的"罗辑思维"，品牌的角色定位就是老师，为用户拓展知识面，解决问题。他选择每天早上在微信公众号中向粉丝发布 60 秒语音。

用品牌角色潜移默化地走入用户的内心，与用户形成某种交互，让用户深深记住你且依赖你，那么你的品牌人格化就算是非常成功了。

6.5.5 品牌要会讲故事

品牌人格化的一个必备元素就是会讲故事。这里的讲故事并不是胡编，而是一定要基于品牌、基于事实。同时，品牌在讲故事时不能脱离用户的生活，要深入用户的生活习惯和心理需求。这样可以让用户产生情感共鸣，引发心理认同感。

最会讲故事的品牌莫过于法国的依云矿泉水，一瓶水，造就了超过 200 年的品牌传奇。依云的定位是高端人群，那么它的品牌故事必然也是高端且充满神奇色彩的。

在早期依云的品牌故事中,有一个神奇的传说:"侯爵奇迹痊愈,拿破仑三世及其皇后赐名……"这个故事一讲就是上百年,似乎百听不厌。

依云通过讲故事的方式感染了高端人群,依云也已不再是普通的标高价的水,已成为一种高端与尊贵的"独特符号"。所以,对用户而言,他们也许根本就不在乎自己喝到的是不是真正源于阿尔卑斯山脉的矿泉水,而在乎的是其背后的传奇故事和尊贵梦想。

这就是品牌讲故事的作用,它可以在某种程度上抬高品牌的人格化,为品牌优化升级,给用户带去精神上的升华。

6.6 内容:有持续的优质的内容产出

现在是消费社会阶段,用户不再只是满足物质需求上的追求,还会更想要获取精神或者价值上的认同。因此,为了满足消费升级的社会需求,要不断提升品牌形象和调性,使之成为用户用以彰显品味的符号。而打造品牌的重要因素离不开内容,内容营销成为品牌与用户进行沟通的利器。总之,只有持续输出优质的内容,你的品牌才能长久。

6.6.1 从 PGC 到品牌与用户内容共创

PGC 是互联网术语,指专业生产内容(如视频网站)、专家生产内容(如微博)。

早期的品牌建构社区中,品牌往往专注于内容的产出、维护与管理,重要的是为社区成员提供一系列与品牌相关、权威且全面的信息。

比如,知名运动品牌北面(The north face)就曾凭借其建立网上社区的经验,夺得过美国户外杂志颁发的"社交媒体奖"。

该品牌争取到与一些户外活动协会和机构合作的机会,在网上社区设立博客、视频频道、公布活动、组织活动。同时，为自己的社区会员提供有用的活动信息，为运动爱好者节省了搜集活动信息的时间，成功地为社区塑造了一个权威的形象。这种做法的重点就是建立从线下社区到线上移动社区，让客户可以在线上社区与品牌保持互动。

较早期的品牌社区主要是以线下为主。比如，哈雷·戴维森在1983年成立了"哈雷车主会"，以满足骑手们分享激情和展示自豪的渴望。第二年，车主会分会就已在全美49个地方生根发芽，总会员达到6万人。自2012年9月至2013年9月间，"哈雷车主会"还在全球开启了一次110周年的庆典的活动。此次活动横跨六大洲的十一个国家，数百万名哈雷车迷参与其中，分享了他们对于自由骑行、自我表达和史诗性冒险的感受。

随着品牌发展和信息化的迅速崛起，线上社区成为了用户追求内容的一个重要来源。比如，奢侈品牌巴宝莉（Burberry）建立了一个"风衣艺术"社交网站，鼓励用户上传和分享各种时尚街拍。2014年，巴宝莉还拓展了"风衣艺术"的业务，平均每天都有几百万人观看他们的视频，其网络移动的销量也增加了两倍。

品牌渴望与用户建立持续而稳定的关系，线上社区就成为了桥梁。对于品牌而言，社区能够聚集大量的用户数据，为品牌市场或营销抉择提供参考，甚至在产品源头的设计与改进上提供关键支持。

让客户在线上社区与品牌形成某种交互和联系，这样的方式可以在很大程度上让客户产生归属感，更能让品牌的内容激发出来。客户会在这个社区内看到企业精神内在的内容，如此也更能吸引客户的注意力。

6.6.2 让品牌成为用户的生活方式

好的内容营销并非为了转化成直接的销售成绩，那么是为了什么呢？

品牌更希望以"润物细无声"的方式慢慢渗透进客户的生活，从日常到精神追求，甚至品牌会承担起告诉用户最好的生活方式是什么的责任。

欧莱雅的内容工厂"生产"的美妆视频教程，让更多女性用户了解如何化妆，如何找到适合自己的化妆品，等等。这种方式直接决定了用户的生活方式，那么这个品牌也就自然而然地进入了客户的生活中，其优质内容的输出就是成功的。

再比如，耐克为热爱运动的粉丝打造了健身社区和线上运动APP，教会用户如何科学运动，如何运动才更健康，还能结交到志同道合的朋友。

这些品牌都是基于优质内容基础上的有计划地整合知识传播，向用户传达知识性信息，打造交流，以提升用户对品牌的文化品位认知和好感度，拉近与用户的距离。

6.6.3 从差异化出发打造深度内容

一个品牌的文化和内容的定位应该是一个方向的。换句话说，品牌的文化应该是渗透在内容里面的。为了让这个内容更加深刻和夺人眼球，我们还应该注重体现出差异化，需要从差异化出发打造深度内容。

首先，不能随大流，人云亦云；其次，要有创意；第三，内容必须要符合用户的深度需求。对于前两者很好理解，下面我们重点解释第三点：

（1）满足用户自我知识储备不足，需借助外部学习，汲取知识营养，丰满自我的需求。品牌可以进一步为客户提供知识增长，提高自我社交、工作能力和沟通技巧。例如，上述的打造线上社交平台就是一个很好的方法。

（2）塑造用户的自我认知高度，让用户在朋友圈和社交圈中体现个人专业能力和学术高度。

（3）满足用户内心对知识的探索，实现远见卓识和广阔视野的愿望，由此，来获得大家的认同。

（4）提供社交币，以不断获取高质量的内容提升自我，刷新人们对自己过往的一种新认知。社交币对品牌来说是一个深度内容的需求，即为用户的社交分享，如发朋友圈、微博、直播等社交平台提供一种可彰显自我的沟通新方式、新工具。

总之，从差异化来打造深度内容就是进行深入的用户痛点和产品卖点的挖掘，然后给品牌打造一个全面的包装和推广。

6.7 维护：管理好IP，品牌才能一直值钱

在当下这个流量时代，最大的价值其实是自带流量，IP价值也就等于品牌价值，所有IP就是能明确你的目标用户群在哪里。这样的企业品牌的价值也是非常长远的。

刘强东曾经指出，京东在选择IP合作时，会从三个维度来考虑，如图6-11所示。

图6-11 京东寻求IP合作时的侧重点

（1）认同感。主要讲述的是粉丝对IP品牌的认可度。

（2）参与感。IP最大的价值是互动和分享，粉丝是否在认同你的价值后免费分享和互动交流。

（3）持续性。观察一个IP能带来多大和多久的影响力和实力。

因此，对一个品牌来说，只有管理和维护好IP，才能让品牌的价值步步高升。

6.7.1 丰富品牌内涵

想要让品牌有价值，必须要抓住年轻的消费群体，培养用户的归属感。以坚果类市场为例，虽然因为消费需求的升级呈现逐步繁荣的趋势，但整体市场中并没有一个品牌可以做到行业领军的地位。在市场不断细分的情况下，品牌要想覆盖所有消费群体几乎不可能，要实现有效传播，只有找到精准的目标受众。

不得不承认，年轻群体正逐渐成为主流消费群体，不同于前几代的用

户，年轻消费群体不再是简单的信息"接受者"，而是主动的信息"搜索者"和"分享者"，除了产品本身，更看重品牌的附加价值。正值此时，潮流坚果品牌来伊份突然发力，目标是抢占坚果类品牌缺失的机遇，它们选择沟通年轻消费群体，丰富品牌内涵。具体做法如下。

1. 选择亚文化中个性化的"燃"文化战略

在坚果市场中，如百草味、三只松鼠打的都是"萌文化"，走卡通IP路线。来伊份则选择了亚文化中的"燃"战略，这是一种个性张扬却非常符合当下年轻人心态的文化战略。来伊份将系列产品包装进文创体系，如打造各种IP人物角色。各个品类来自对应的星球，如核桃星人来自核桃星球，赋予产品和漫威、DC中的人物角色一样丰富多面、亦正亦邪的性格，在浩瀚的宇宙中和人类碰撞出精彩纷呈的故事。

在这个过程中，来伊份率先推出了核桃星人的故事，通过线上H5的形式上线，目标直击亚文化群体这一具有极高共性的成型兴趣社群。这种做法让来伊份的产品鲜明地形象化，扩展了消费场景，引起了大量年轻人的情绪共鸣，这非常有助于打造来伊份品牌IP。

2. 拒绝单向推销，坚持品牌与用户的强效沟通

来伊份并非单向地向非用户推销，还与用户达成强效地沟通。比如打造线上游戏、线上玩家等方式。此外，来伊份在线下还开展产品"节"文化，如效果显著的"第十五届核桃节"，达到1+1>2的传播效果。这些方式都有助于培养用户成为来伊份IP的忠实粉丝。

6.7.2 品牌跨界，资源整合

当我们有了优质的品牌IP内容源头之后，还需要为品牌IP的发展打造一个足够的空间。其中的原因有两点，如图6-12所示。

想要维护好品牌IP，最好的方式就是选择合适的品牌合作，组成1+1>2的跨界方式。品牌跨界的方式有以下两种。

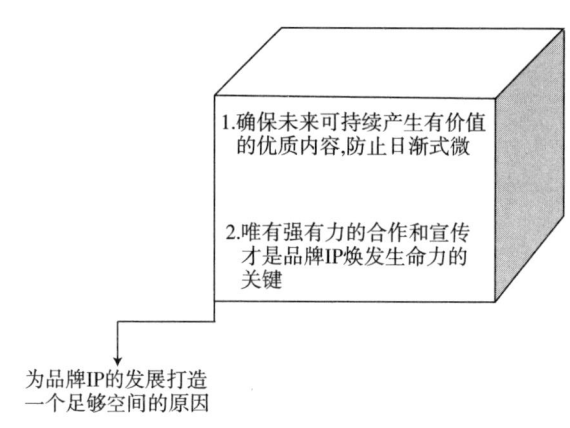

图 6-12　为品牌 IP 的发展打造足够空间的原因

1. 选择与自身品牌相匹配的跨界联合

此方法的代表品牌是盒马鲜生与今日头条。

2018 年 8 月 11 日，拥有 132 年历史的新西兰乳品品牌安佳携手盒马鲜生与今日头条，联合推出限量版"安佳头条新闻瓶"鲜奶产品。

该品牌主要看中的是盒马鲜生与今日头条的强大估值和未来发展潜力，特别是今日头条。今日头条是一款基于大数据的新闻平台，致力于为用户推荐最及时、有价值、个性化的信息。在如今快节奏、信息爆炸的时代中，消费者对资讯及时性的要求越来越高，而今日头条则是新闻类互联网产品的佼佼者，其估值在 2018 年下半年为 300 亿美元，其发展势力还在不断扩张。安佳与今日头条的合作也突出了人们对生活品质和价值的追求，只有最新鲜的新闻和鲜奶才对用户有价值。品牌将新鲜牛奶与新鲜资讯内容合二为一，让用户在享用每日营养鲜奶的同时，还能及时了解最新头条资讯，重新诠释了"新鲜"的定义，也诠释了品牌匹配的跨界联合。

2. 选择功能互补的品牌合作跨界

典型代表是网易云音乐和农夫山泉。网易云音乐作为一个音乐 APP，以内容优质著名，吸引了大量粉丝关注。农夫山泉的主要作用是提供曝光，成为一个媒介。各大超市、便利店、电商网站的用户都可以通过农夫山泉的曝光而了解网易云音乐。

在这个过程中,网易云音乐获得了流量曝光,而农夫山泉的品牌IP形象也更丰满了,销量也更大了。

此外,品牌IP想要更加长久,还可以设计和推出有趣的周边产品(衍生品)。比如,可口可乐、耐克、网易云音乐等,这些品牌都用时尚、实用的产品占据用户的生活。

企业还可以进行品牌IP的动态设计,增加时尚有趣的表情包,打造短视频,进军二次元和动画等,都是品牌IP维护和管理的新方向。例如,adidas neo(阿迪达斯旗下neo品牌)和快看漫画APP推出了相关时尚的文化内容,带动了大量用户的追捧。

总之,品牌IP想要长久,就需要不断地创意,用一些好玩有趣的形式来表达,企业要记住一点:竞争的核心是文化输出。在当下的移动互联时代,谁主导了文化,谁就更容易引导市场变化,谁的品牌也就更具价值。

第7章
做好股权设计，才能扛着金子上路

公司整体价值是由全部股东投入的资产创造的价值，本质上是公司作为一个独立的法人实体在一系列的合同中蕴含的权益。因此，做好股权设计，对稳定公司管理架构、发展公司经营事业都有着巨大的助益。

7.1 股权设计：搭配不合理，高估值变低估值

一位好友来访，言谈间提及他老婆跟闺蜜一起开了家化妆品公司，说二人亲密无间，就每人出资80万，各占50%股份……基于多年的从业经验，我告诉他不建议进行这样的分配。因为股权平均分配是"作死模式"中的一种，最终极有可能导致散伙。

在创业初期，大家"同心同德"，但在公司发展过程中，各股东难免会因为各自利益而"同床异梦"，事态严重的便"同室操戈"，其结局只能是"同归于尽"。因此，不合理的股权架构设计，往往从一开始便种下了"失败"的因，最终难逃"死亡"的果。

股权结构是一个公司的灵魂和基础，股权结构设置不好，就谈不上有良好的公司结构，而不良的股权结构很容易导致公司及股东发生重大法律纠纷。下面是几种常见的不合理的股权结构。

7.1.1 按平均比例持股

企业初创，如果没有绝对的强势方（资金或能力），常见的股权架构设计经常是均衡的，如是两个人就各占50%，三个人就各占33%，四个人就各占25%……这样设计的另一个重要原因是碍于面子，觉得谈利益伤感情。

"股权均分"导致的直接后果是没有"拍板人"，有股份的人都有发言权，但每个人都没有绝对控制权。这意味着，一旦发生影响公司的大事件，往往因为个人能力不同、考虑问题的方向不同、面临的个人问题不同，从而导致无法达成一致意见，自然就形不成决策。对于大多数创业团队而言，平均分配股权将不可避免引发这样的状况，接下来就是团队成员间的分崩离析，让本来前途明朗的创业项目瞬间瘫痪。

餐饮连锁店"真功夫"的创始人潘宇海与后来加入的蔡达标各占50%

股权。因为潘宇海和蔡达标在公司管理、发展理念、经营模式上的冲突，导致二人积怨愈来愈深，内部争权侵占情况严重。矛盾终在2011年爆发，蔡达标与"真功夫"部分高管因涉嫌经济犯罪锒铛入狱。

7.1.2 个人付出与资金投入成反比

创业初期由于资金短缺，创始人往往会引进外来资金共同发展。此时，资金占据重要地位，资金方会因此要求占有公司更多的股权比例，而实际的经营管理团队则占较小的股权比例，如图7-1所示。

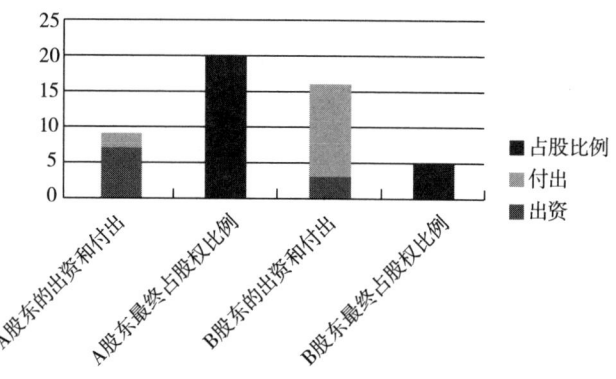

图7-1 股权分配中的"人资倒挂"现象

图7-1中，A的出资比B多，B的付出比A多许多倍，但在占股比例方面，A占据绝对优势，这就是"人资倒挂"现象。

当公司快速发展之后，对资金的需求弱化，而管理团队的能力优势爆发。此时，若依然按照创业初期的股权分配，势必会让管理团队心生不平，因此产生矛盾。

这几年，"罗辑思维"由一款互联网视频产品逐渐延伸为最先锋的中国互联网知识社群第一品牌，估值已近百亿。但这样一个香饽饽，曾经最大的股东申音却无法享有。

"罗辑思维"所在公司原名"独立新媒信息科技有限公司"，有申音与罗振宇两个股东，申音占股82.45%，罗振宇占股17.55%。

罗振宇与申音被业界称为黄金搭档，但实际上他们的关系更像明星和经纪人，罗振宇是前台的明星，每天的60秒语音，粉丝们追随的是他，而不是他所在的公司。在这种模式下，创造价值的是罗振宇，而申音是大股东。《中华人民共和国公司法》规定，必须以股权比例作为最终的权力分配和利益分配依据，这就造成了实际上的价值倒置，最终的结果是黄金搭档解体，罗振宇独自经营。

因此，公司从初创到爆发，随着经营时期的变化，股东的价值是不断变化的，若股东不改变对股权调整的心态，一旦遇到战略抉择，公司必然走向分崩离析。

7.1.3 主要管理者一股独大

否定了股权均分，并不代表可以一股独大。一股独大势必会衍生出"一言堂"的管理模式。

创业初期，创始人拥有全部股权，不是错；创始人拥有绝对控制权和分红权，也没错。但是，对于初创企业来讲，需要的不仅仅是资金，还有一群愿意跟公司共同成长、共同发展的伙伴，这些人比资金重要，因为能让钱增值的不是钱本身，而是人。

在公司进入到规模化、多元化阶段以后，缺乏对权利的制衡机制，决策失误的可能性将成倍增加，公司承担的风险会随着公司实力的增强而同步增大。

7.1.4 夫妻是公司共同的、唯一的股东

许多公司在创业之初即为夫妻共同打天下，公司注册为夫妻两人所有。另外，应工商注册"公司股东必须为两人以上"的强制性要求，或者因为信不过别人，或者因为短时间内找不到合适的人选，便将公司注册为夫妻两人所有（股份也由夫妻共同承担），实质上是由一人出资，一人经营。

这类夫妻公司股东结构的优点如下：

（1）做决策容易形成统一意见，基本不会出现管理僵局。

（2）对于刚成立的公司，夫妻合力会形成更强大的力量，有利于对抗经营压力。

但是，相对于优点，这类夫妻共同控股公司的缺点则更为明显，产生的影响也更大，主要有以下三点：

（1）因为是夫妻关系，不可能做到完全的"公"与"私"分明，易引发财产混同现象，导致公司经营管理活动无法规范。

（2）夫妻共同财产存在无法约明的现象，夫妻股东的真正持股比例也不够清晰，虽然在股权协议上会写明一定数额，但往往不是真实的数据。

（3）一旦夫妻间感情出现危机，就会涉及到公司的管理层变动，对于股权的争夺和公司控制权的争夺在所难免。

7.2 科学切蛋糕，味道才会更好

股权分配犹如切蛋糕，每一刀都马虎不得，每一块都要精细计算，多不得，少不得，大不得，小不得，稍有偏差就会影响蛋糕切割的整体效果。一旦割错了，再想恢复就不容易了，因为总有道"疤痕"在蛋糕的表面，谁都看得见。为了能最好、最快、最漂亮地切割蛋糕，本节将对股权设计需要知道的基本问题进行阐述。

7.2.1 正确设计股权架构的优势

我们都知道股权架构是所有想有所作为的公司必须要面对的问题，那么你是否知道为什么必须要设计股权架构吗？先来看看下面的几个重要原因，如图7-2所示。

第7章 做好股权设计，才能扛着金子上路

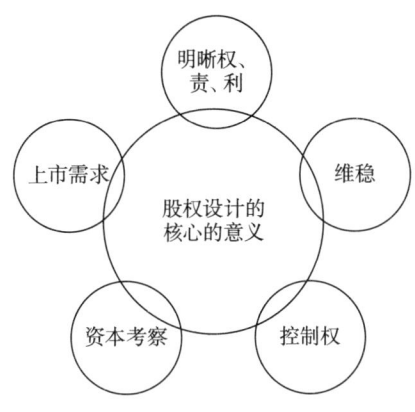

图7-2 股权设计的核心意义

1. 明确合伙人的权利、责任和利益

合伙创业免不了会触及情怀，但仅靠情怀无法长久，最终还需要以实际收益作为继续合作的保障。如果你是某团队中共同创业的一员，怎样体现你的权利、责任和利益呢？最重要的办法就是通过股比和股权的划分，将每个合伙人的权、责、利明确起来。

2. 有助于公司发展和控制权稳定

当公司发展之后，产生了较大的利益，而且还会有后续更大的利益，此时人与人之间的关系不再单纯，若是有合理的股权设计，就会避免不必要的矛盾，否则就会因为矛盾的产生而阻挠公司发展。

而且，股权设计不合理最终一定会演变为对公司控制权争夺的问题。谁的出资多？谁的贡献大？谁应该是大股东？谁应该受到额外奖励？这些都应该进行合理分配，公司才能形成核心的控制权，有助于稳定控制。

3. 为快速融资打下基础

公司去找投资人，对方对你的关注点已经不局限于产品功能、商业模式、愿景构想等方面，还需要看清你的股权架构是否合理。如果产品功能、商业模式等方面差一点，还可能会引起投资方的兴趣，最起码愿意等你升级产品和革新经营方式。但如果是产品比较有特点，商业模式也较为新颖，但是股权设计比较差，就会令投资方望而却步，因为股权一旦设

定,将是很难变更的。而且不正确的股权设计是一定会引发矛盾的,势必会给公司的经营带来危机,也许就此一败涂地了。任何投资方也不会冒着投资打水漂的风险,陪一家股权设计不合理的公司玩下去。

4. 进入资本市场的必要条件

当创办的公司发展到一定规模后,总会与资本市场产生紧密联系,这是不可能绕开的,也不应该绕开,因为进行 IPO(首次公开募股,指股份公司首次向社会公众公开招股的发行方式)是壮大公司的一个很重要的途径。但是,只要开始 IPO,资本市场就会对公司的股权结构提出要求,最起码要具备明晰的、合理的、稳定的三项要求。

7.2.2 股权蛋糕该如何切

如果你的公司抱着这样分配股权的态度:给你之外,剩下的就是我的;或者我拿多少,剩下的就是你的。比如,你拿30%,我就拿70%;我拿40%,你就拿60%。这是不对的,股权分配必然要遵循一定的规则,再结合企业的现实状况,最终得出恰当的分配方案。那么,对于一家公司来说,哪些分配规则是必须要遵循的呢?

☞ **看实际出资状况**

资金永远是创业的第一道关口,有了资金的支持,才有将来的一切。而创业初期,做任何事情都需要钱,因此资金总是最紧张的一环。这种情况下,找到出资方就是第一要紧的事情,谁的出资多,谁的出资帮助解决了难题,谁就容易得到公司更多的股权。

比如做一个项目,需要资金500万元,A 出 200万元,B 出 100万元,C 出 50万元,另有 150万元需要再寻找合作者。A、B、C 在资金方面的贡献是不一样的,假设三人的能力和资源差不多,出 200万元的 A 可能占 45% 的股权,成为公司的大股东和实际控制人。

☞ **有"带头大哥",梯次明显**

创业不是做慈善、搞平衡,股权绝不能平均分配。试想"50% –

50%""33%-33%-33%"的股权结构将怎样形成决策呢,难道要举手表决,少数服从多数吗?

"带头大哥"最好是CEO或者创始人,要有比较大的股权,但同时他也要有更多的担当。一般情况下,公司的创始人必须保证有足够的话语权,股份应在50%~60%之间,形成"6:3:1"或"7:2:1"这样明显的股权梯次,才能够主导整个团队健康发展,当然他必须要有足够的影响力,否则光有钱是没用的。

对于融资创业,一定要明白公司的投资者和经营者之间的关系,不要让不懂行的投资者过多地干预公司的正常经营。

☞**依照合伙人的优势进行划分**

在创业的不同阶段,不同人的贡献是有变化的,需要综合考量。不能想当然地觉得,这个人运营挺不错的,正是当下急需的,就分其15%的股份。等到项目运行过程中发现他的能力已经到顶,或者公司发展进入另一个阶段,此人的作用愈来愈小,想要再把"肉"重新分配,基本上就非常难了。

所以在创业初期,一定要看清合伙人的能力,并对其优势进行长期考查。可以先给予少量的股权,但不要给足,若此人能力确实够强,对公司的贡献一直很大,那么再考虑分给其更多、更符合其贡献的股份;若此人的能力已经见顶,那么股权分配就维持现状即可,既不亏了创始人的身份,又不让公司在发展过程中遭遇不必要的损失。

☞**给予股份以作激励**

现在有能力的人首要想法都是创业,企业想招到人才越来越不容易。如果发现了一个人才,就需要给予更优厚的待遇,不只是短期待遇(薪水、福利),还有长期待遇(股份),如果不愿予以股权激励,人才是不会留下来的。

当初马云给了蔡崇信全公司第二多的股份,蔡崇信也死心塌地帮助马云拉来大量赞助;马克·扎克伯格给了诡谲之才肖恩·帕克4%的股份,帕克也没有辜负马克·扎克伯格,成为FaceBook迅速发展的首席功臣。

☞ **预留股权以待将来**

现在有一种为了刻意追求合伙人结构而硬拉一个人来做 CTO（首席技术官）的现象，这是很不好的，因为这种强行上位的人很可能是不符合项目要求的。因此，在项目已经开始后，CTO 或 CFO（首席财务官）的职位尚在空缺，那么就暂时空置，但要预留出股权，等待将来吸收新的能力符合的合伙人。具体做法可以借鉴下面两种股权预留模式，如图 7-3、图 7-4 所示。

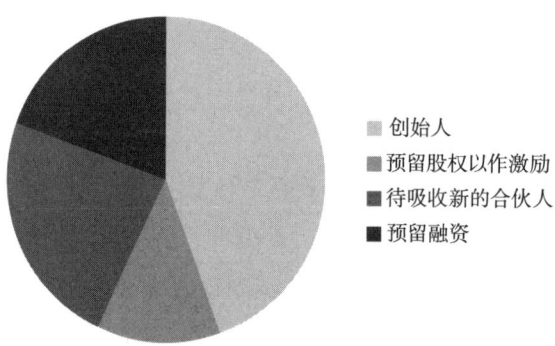

图 7-3 股权架构的参考设计方案（一）

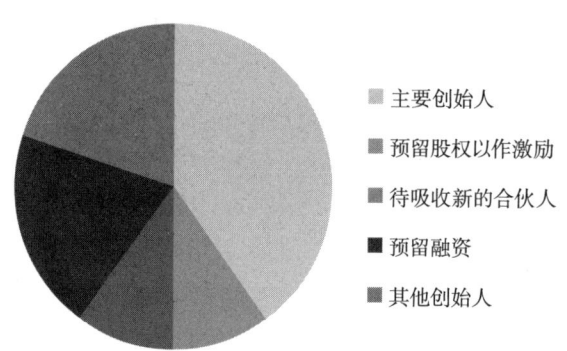

图 7-4 股权架构的参考设计方案（二）

注：图 7-3 和图 7-4 没有关系

有的公司也采用了预留的方式，但是选择放在了"带头大哥"的名下，在此不建议这样做。因为这会牵扯到三个问题：预留的股权属于谁？预留股权对应的注册资本谁来出？在分出去之前，预留股权的权利由谁享有？解决不了这三个问题，股权预留看似正确的做法，也会引起很大的麻烦。关于这三个问题，将会在7.3.5小节的"合理预留股权"中进行详细阐述。

7.3 避开让公司价值降低的股权结构设计点

股权结构是投资基金筛选投资目标重点关注的指标，如果待投公司的股权结构不健康，就会严重影响投资成败。当公司股权结构出现下列状况：组建豪华团队、大股东身份不清晰、创始人兼项多、未实现股权分期兑现、过早稀释股权、预留股权不合理、退出机制不健全、"后院起火"等，公司价值就会降低。下面针对常见的六种股权结构不合理设计，具体进行讨论和给出应对方法。

7.3.1 理清楚大股东的身份

现在，很多公司都在采用裂变式的创业模式，努力打造企业内部的创业孵化平台。在裂变式创业模式下，新裂变公司的股权结构如图7-5所示。

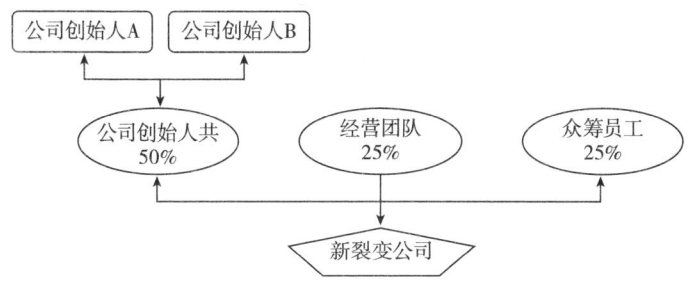

图7-5 新裂变型公司的股权结构

图7-5表明，两位母体公司的创始人作为大股东持股50%，经营团

队持股25%，公司其他员工参与众筹持股25%。新裂变是母体公司中的一部分人进行分离创业形成的新公司，因此裂变公司经营团队与母体公司创始人是"老板与员工"从属关系。母体公司除了输出资金，还可以给新裂变公司输出其他资源。这种模式有利于产业裂变协同、团队激励与风险隔离。

但是，这种股权结构可能导致大股东的投资人与创始人身份不清晰：大股东是公司的实际控制者，从此角度看像是创始人身份。但因其不能参与到新裂变公司的经营与决策中，从此角度看又像是投资人身份。

其实，正确的股权结构应该是：经营团队投小钱占大股，其创始人是公司的操盘手与实际控制人。投资人投大钱占小股，帮忙不添乱，并不参与被投公司的经营管理。如此，创始人与投资人各自的身份定位都清晰明确了。

7.3.2 创始人必须全职投入

从价值驱动类型看，公司分为资金驱动型、资源驱动型与人力驱动型三种。绝大部分创业公司都是人力驱动型，因为没有足够的资金和资源可供支配。人力驱动型公司对创始人的全职投入需求非常大，尤其是在项目创业期。

某公司创始人除了已经融资成功的项目外，还同时操盘着两个项目，而这两个项目成为了他的主攻方向，得到投资的项目反而成了他的兼项。

可以肯定，这种创业心理是不会取得成功的。一个公司对创业者来说就像自己的孩子，需要时时刻刻地全心投入，孩子才可能茁壮成长。

有人会反对：在A股资本市场，大把上市公司的大股东都是同时操盘好几个项目，为什么他们都做得很好？这是因为上市公司已经进入了成熟期，实现了从人力驱动型到资金驱动型和资源驱动型的转变，对创始人的全职投入依赖性降低。

在这方面，特斯拉创始人埃隆·马斯克是成功的负面教材，他同时开展多个项目，都取得了成功。但埃隆·马斯克被称为"钢铁侠"，这世间能有多少个钢铁侠呢?

7.3.3 股权实现分期兑现

创业公司有一个很重要的特征,就是出资不高,多数是几十万元解决了启动资金就可以行动了。比如,某公司的启动资金只有50万元,其中联合创始人A出资20万元,占公司40%股份。但A仅半年就从公司离职。这种出资最多,但参与经营时间短暂或者干脆不参与经营的人,是经营团队中对公司贡献较小的人,做出主要贡献的是既出资又长期参与经营,并取得工作成果的人。由于初期分配股权时没有约定分期兑现与回购机制,导致公司不能按照合理的价格合法回购退出合伙人的股份,对其他长期投入的经营者既不公平也不合理。

为了保证公平性,经营团队可以发放"限制性股权"(按照预先确定的条件授予激励对象一定数量的本公司股票),要设定"分期兑现机制"(激励对象只有在工作年限或业绩目标符合股权激励计划规定条件的,才可从中获益)和全职服务期限挂钩(通常要达到四年)。

一般情况下,根据公司的不同模式,有以下几种股权分期兑现方式,如图7-6所示。

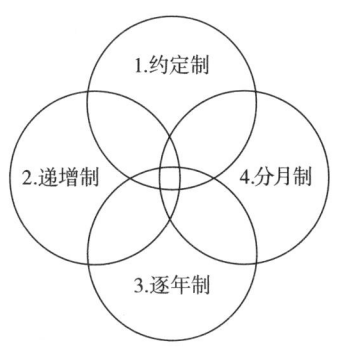

图7-6 股权分期兑现方式

(1)约定四年,每年兑现四分之一。

(2)任职满一年兑现25%,满两年兑现50%,满三年兑现75%,满四年 100%。

（3）第一年兑现 10%，第二年兑现 20%、第三年兑现 30%、第四年兑现 40%。

（4）干满一年兑现全部的四分之一，剩下的在三年之内每个月兑现 1/48。

7.3.4　不要过早稀释大量股权

融资的进程越快，公司的发展也越快，融资的金额越大，公司的进阶脚步也越大。但不能因为急于得到投资而将公司的股权轻易稀释掉。如果股权稀释得太快对后续融资将产生非常不利的影响，对公司的经营也会产生巨大的阻碍。

某公司得到 α 风投公司的 1000 万元现金。其中，510 万元作为 α 方的投资款，占股 51%；另外 490 万元作为对经营团队的出资借款，经营团队占股 49%。后公司需要再进行投资，得到 β 投资公司青睐。但从股权结构看，α 方成为大股东，β 方若投资实际上是投给了 α 方。而且，经营团队已经不掌握公司的经营决策权，还得通过向 β 方卖老股来偿还对 α 方的借款，股权要被进一步稀释。经过多轮融资谈判，β 方最后放弃了投资。

创始人不控股，从技术上看仍可以控制公司。但股权才是公司的核心战略资源，也最终决定掌控权。如果创始人过早稀释掉大量股权，会导致创始人权力下移，经营团队心理失衡。

最好的方法是预留一部分股份，作为未来进一步融资和吸纳合伙人的空间。此外，在融资时不可过于急躁，不能做以股权换资金的赔本生意，不然到最后只是为他人作嫁衣。

7.3.5　合理预留股权

某公司参照行业标准，预留了 10% 的激励股权。当投资方投资该公司时，公司核心经营团队只有一个人。在下轮融资进来之前，公司先后引进了三个核心合伙人，总共发出去股权35%。显然预留的激励股权不够用，最终由所有股东同比例稀释股权来解决。在下一轮融资完成之前，投资方已经被稀释掉了大量股权，这引起了投资方和先加盟合伙人的不满。

股权预留是对的，但股权预留得不够或是不当，反而会影响公司的发展。那应该要怎样正确预留股权呢？

A、B、C三人合伙开设一家公司，注册资本为100万元，按照行业规则，留出20%的股权用于将来吸收新人或者融资。最后股权分配决定：预留20%的股权放在公司，然后A占35%、B占25%、C占20%。可是，这引发了以下三个问题：

（1）公司不能持有本公司的股权，预留的20%股权属于谁？

（2）预留的20%股权对应的20万元注册资本，谁来出？

（3）在预留股权分出去之前，股权池的股权所对应的权利和利益由谁享有？

针对第一个问题下面提供三个解决方案，优劣自行斟酌：

（1）放在老大名下，由老大代持。既便于创始人掌握控制权，也方便将来做股权转让。

（2）放在持股平台。比如，A作为普通合伙人，B和C作为有限合伙人，成立一个有限合伙企业来持有股权池的股权。将来有新人或机构进入时，直接进到合伙企业里。这种方法一劳永逸，就是成本高一些，需要另外注册一个持股公司。

（3）几名合伙人平均分配，分别代持。这种方法合伙人好接受一些，但将来需进行多次股权转让，太繁琐。

针对第二个问题看似有一个很简单的解决方法：谁代持，谁出这部分资金。

或者也可以采取相对麻烦一点的方法：大家先按照各自代持的比例认缴出资，等新人进来时，再转让到其名下，新人出这部分钱。

然而实践中会引发第三个问题，也是很多人搞不明白的一个问题：看起来谁出这部分钱，谁享有权利和利益，是很公平的，但如果A出了预留股权的20万元的注册资本，持有股权池20%股权，到时享受更大的表决权和20%的分红。而B和C也有能力掏这20万元，也想享受相应的权利和利益，怎么办？没有任何理由不允许这二人出这部分钱。

我们给出的建议是：A仍然单独出这20万元，并享有表决权，但分红权在几名合伙人之间协商分配，或者利益平分，或者稍有偏斜。这样做可以很好地解决棘手的问题，因为A本身就作为公司的掌控人，再享有更多的表决权B和C并不会有什么意见。而B和C虽然没多出钱，但也做出了很大的贡献，暂时地享受预留股权的分红也无可厚非。当然，无论怎样的协议，最好事前说清楚、写明白。

7.3.6 避开"夫妻档"或用"土豆条款"进行约束

创业之初，"夫妻档"型的公司是很常见的，因为夫妻共同创业避免了与其他合伙人产生利益纠纷的隐患，也不用多费心思去设计股权结构。看起来这是最为稳定的股权结构了，事实也印证了这一点，夫妻心系一处，不出现意外就会一直稳定下去。

但要注意前提，是在不出意外的情况下，如果出现意外呢？

视频网站"土豆"的创始人王微与其配偶离婚，其配偶提出财产分割要求，主要是王微持有的土豆公司股权。配偶的要求无可厚非，因为夫妻之间往往不做财产约定，那么股权依法就属于夫妻共同财产。现在王微与其配偶离婚，他所持有的股权将被视为夫妻共同财产进行分割，这显然不利于公司发展。正是因为这场离婚分割财产的官司，让"土豆"付出了错失最佳上市时机的代价。

王微的婚变，受损失的不仅是他和"土豆"视频，还有等待投资回报的投资方。离婚官司虽然尘埃落定，但后续的衍生品却出乎人们的意料，创投圈内发明了对冲条款，美其名曰"土豆条款"，其中的核心要素是"合伙人一致与现有或未来配偶约定股权为合伙人一方个人财产，如发生离婚情况，配偶不能主张任何权利"，也就是说公司合伙人的配偶必须放弃对公司股权的所有权利和日后的主张权利。

这项条款意义重大，想一想合伙人的配偶虽然不出现在公司的正式文件中，但对公司的决策与分配都会产生重大影响，没有"土豆条款"，一旦婚变将对公司产生巨大的影响。

但是，还有一点需要注意，就是不能只保证公司权利，还要对合伙人的人权进行保障，"土豆条款"有些霸王条款的感觉，若签署很可能导致创业尚未成功，但合伙人的婚姻先亮起了红灯，这也是不妥的。因此，对于合伙人配偶的股权约束，除了"土豆条款"这项硬措施，还有股权回购和钱权分离的软措施。后两种方式，既可以保护股东与公司利益，还有利于化解合伙人与配偶间的博弈。

7.4 激励是股权设计的重要因素

据相关调查表明，一家采用股权激励制度的公司，在其他条件不变的前提下，营收可以上涨30%左右。更为重要的是，合理的股权激励可以帮助公司招揽人才，谁都愿意为可以给自己股权的公司工作。因为相比较下，虽然当下所得的薪资水平相差不大，但推行股权激励制度公司的员工收入（薪资+股权）比未推行股权激励制度的公司员工要高出几倍。

7.4.1 为什么要实施股权激励

股权激励制度的推行对公司的营收以及市值增长会有巨大的帮助，达成公司、股东、员工三方共赢的局面。股权激励的作用主要体现在以下四个方面。

1. 激励作用

公司与员工通过股权激励的桥梁形成共鸣，员工由此生成主人翁的意识，自发地燃起工作热情，积极主动地为"自己的公司"发挥最大的能量。

2. 约束作用

通过股权激励，员工、股东与公司就形成了利益共同体，在"你好、我好、大家好"的形势下，公司所有人都会约束自己的言行，努力帮助公司获得良好的发展。

3. 改善员工福利

福利是留住员工的法宝，股权激励能够留住人才就是因为对员工的福利有所改善。在这方面可参考ESOP（公司员工持股计划）。在美国已经有超过一万家企业的1000多万员工通过拥有股票来参与企业利润的分配。这样的福利效果是非常明显的，同时还能够增加员工的向心力，使企业上下一心，拧成一股绳。

4. 稳定员工内心

无论哪一种股权激励方案都有附加条件，大部分要求员工在几年之内不得离职，否则既得利益就会受损等。所以，一般获得股权激励的员工不会轻易跳槽，尤其是那些处于核心管理层的高级管理人员，掌握企业命脉的技术核心人员及销售精英，其被股权激励力度会更大，相应的限制也就更严格。

7.4.2 股权激励的五个前提

实行股权激励有五个因素必须明确，也可以成为股权激励实操的"五定"。那么，是哪五个因素呢？

1. 慎重选定激励时机

不建议在公司初创阶段就大量发放股权，甚至进行全员持股，这样做激励成本很高，但实际效果却很差，毕竟员工很难预见到公司日后的发展，也没得到实际的干货。

建议对于公司核心的合伙人团队，碰到对公司发展非常有助益的人后，经过磨合期，才可以适当发放股权。

2. 科学确定被激励对象

股权激励的参与方有：合伙人、中高层管理人员、骨干员工、外部顾问。合伙人主要拿限制性股权，中高层管理人员主要拿期权，骨干员工主要拿虚拟股权。如果某合伙人的贡献与其持有的股权不匹配，必须要对这种不合理做出调整。

3. 给出股份的确切价格

定价的目的是要让员工明白期权本身是值钱的，不是能够轻易甚至是免费得到的。那么，员工获得期权是否需要掏钱呢？建议是掏钱，因为掏钱与不掏钱，员工的工作心态和对待公司的认识会有差别。

4. 确定激励股份的量级

首先是总量，也就是给公司的期权池设定预留数值，通常为15%。然后再确定每个人的期权，可以先按照部门分配，再具体到岗位，最后具体到个人。

5. 设定股权成熟的条件和程序

授予员工的期权必须提前约定成熟的条件，也就是可以行权的条件。常见的成熟机制是按年成熟（四年），通常有以下几种方法：平均每年兑现25%；满两年一起兑现50%，以后每年兑现25%；第一年兑现10%，第二年兑现剩余的30%，第三年兑现剩余的50%，第四年兑现剩余的全部。

股权激励有两个方向，一是与奖励相关，二是与福利相关，也或者是奖励与福利并举的。因此，股权激励有多种形式，各类公司适宜采取的形式也不同。

7.4.3 与奖励相关的股权激励模式

☞ **虚拟股票**

激励对象可根据被授予的"虚拟股票"享受分红权，但没有所有权和表决权，对于所持有的"虚拟股票"也不能转让和出售，因为"虚拟股票"的性质是持有者离开公司便自动失效。

操作方式：因为是虚拟的存在，需要进行书面约定，公司与激励对象双方签订授予合约，约定授予数量、行权条件、分红的周期。

☞业绩股票（PSP）

公司与激励对象事先确定下合理的绩效目标，如果激励对象达成目标，公司便会授予股票以资奖励。

操作方式：当激励对象实现了业绩指标，公司必须按照事先约定授予其一定数量的股票或给予一定奖励用于购买公司的股份。因为业绩股票与工作的业绩挂钩，因此业绩股票的流通变现通常有时间、数量和条件的限制。

☞股票增值权（SAR）

公司授予激励对象一定数量的股份，并承诺在未来的时间能够实现增值，以此作为对激励对象的奖励。

操作方式：公司拿出一定数量的股票给予激励对象，如一段时间内，公司股价上涨，激励对象可通过行权来获得股权升值收益。同时，激励对象不用为行权付出现金，行权后可获得相应的现金或等值的公司股票。

7.4.4 与福利相关的股权激励模式

☞股票期权

也称"认股权证"，激励对象可在规定的时间内，以协议内写明的价格购买一定数量的公司股票。

操作方式：公司先以股票期权证书的形式，向激励对象做出承诺，将在一定期限内或协议约定的条件达成时（如公司得到下一轮融资、公司开发出新一代产品、公司上市），激励对象可以以较低的价格购买股权。

☞员工股票购买计划（ESPP）

与"员工持股计划"相似，是一种由员工出资认购本公司股权的模式，不涉及其他类型激励对象，只是在公司与员工间进行。

操作方式：需要委托专业公司，在特定时间内对想要享受该政策的员工的薪酬予以核算扣除，用以购买公司股份，购买价格相对优惠。

☞ **限制性股票计划（RSA）**

公司按照预先确定的条件，授予激励对象一定数量的本公司股票，激励对象只要达成公司的工作年限、业绩目标的规定，就能出售限制性股票，从中获益。

操作方式：因为是限制性的，激励对象不得随意处置这部分股票，只有在公司规定的时间达到或业绩实现后，才能自主出售。而且，激励对象如果没有遵守公司的限制性要求，公司有权将限制性股票收回。

7.4.5 奖励和福利兼具的股权激励模式

☞ **期股**

这是为激励对象提供的一种报酬方式，其能够实行的前提条件是激励对象必须购买本公司相应的股份。

操作方式：贷款机构放款给激励对象，作为其购入公司股份的资金来源，激励对象因此具有所有权、表决权和分红权。其中，所有权是暂时性虚置的，只有把购买期股的贷款全部还清后才能实际拥有；表决权和分红权是实的，但在购买期股的贷款未能还清之前，分得的红利不能拿走，必须用来偿还贷款。

☞ **账面价值增值权**

直接以公司股票的每股增加值来激励所要激励的对象。这种增加值只是数据上的，因此激励对象不会获得相应的所有权、表决权和配股权，但享有分红权。

操作方式：分为购买性操作和虚拟性操作。购买性操作为：激励对象先按照公司股权的实际价值购买一定数量的股份，一定时间后再按照当时公司股份的实际价值回售给公司。虚拟性操作为：公司先以一定数量的"名义股份"授予激励对象，一段时间后再按照当时公司每股净资产的价格进行回购，差价即是激励对象所得的收益，公司应以实际奖励形式支付。

☞ **延期支付**

也称"延期支付计划",是公司为激励对象设计的一整套收入计划,包括年度奖金、股权激励等。

操作方式:公司先要为激励对象设定单独的延期支付账户,延期就是不在当年发放,而是对当日公司股票的市场价格进行折算,转换成股票数量,存入激励对象的延期支付账户中。在一定期限后,以公司股票的形式发放给激励对象,或者根据当时公司股票的市值以现金形式发放给激励对象。

7.5 创业者如何避免丧失公司的控制权

公司发展的过程,也是不断融资、引资的过程。常听到创业公司的融资进程,如天使轮融资、A轮融资、B轮融资等。融资势必会引起股权结构与股东关系的变化,由于外部资本不断被引入,创始人的股权比例不可避免地会被稀释。当创始人的股权稀释到一定程度时,若无其他协议的特别规定,根据"同股同权"原则,创始人的控制权必将受到威胁。

7.5.1 创始人的控制权体现在哪些地方

所谓的控制权就是要在公司掌握权力。想要实现创始人的控制地位,首先就要明白公司的治理结构和决策机制,从而掌握控制权存在的关键地方,如图7-7所示。

理想中的创始人控制权应该在图7-7中的三个层次上都有所体现,也就是说能控制住管理层、董事会和股东大会。

(1) 管理层:负责公司的日常经营管理。主要由CEO、CFO、CTO等负责管理。创始人掌管法人、公章、营业执照。

(2) 董事会:公司重要的决策和管理机构,决定公司经营计划和投资

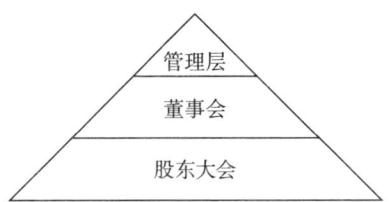

图 7-7 创始人控制权图示

方案,以及内部管理机构的设置等。实行少数服从多数的原则,创始人要掌握公司的多数席位。

(3) 股东大会:公司最高的决策机关和权利机构。特别决议事项须 2/3 以上表决通过,如修改章程、重大资产重组、股权激励等;普通决议事项须 1/2 以上表决通过。

7.5.2 六个策略捍卫控制权

曾经,阿里巴巴与万科,一样的股权分散,一样的经营团队不控股。如今,王石面临从万科出局的窘境,而马云却稳坐"钓鱼台"。二人的结局截然不同,马云无疑找对了紧握控制权的方法。那么,捍卫控制权的方法有哪些呢?

☞**预先签订"投票权委托"**

"投票权委托"又称为"表决权代理",公司部分股东通过协议约定,将其投票权委托给其他特定股东行使。

例如,根据京东的招股说明书,京东上市前有 11 家投资人将其投票权委托给了刘强东行使。刘强东只持股 20% 左右却控制了过半的投票权。

再如,作为阿里巴巴最大的两家投资方——软银和雅虎,都各自将投票权委托给马云行使,合计超过 50%。因此,马云以不到 10% 的股份却拥有了超过 60% 的表决权。

☞**预防分裂的"一致行动人协议"**

如果创始人的股权比例比较分散,没有人占据优势,就形成了相互制约的负效果。但是,这样的创始团队的总股权比例若能相加,就能够对投资人的股权比例形成压制，这就有利于创始团队对公司的继续掌控，但前提只能是创始团队的精诚团结。

为了达到这样的目的，创始团队的众股东可以签署"一致行动人协议"，形成集中表决权，用以进行决策。并需在协议中明确：当"一致行动人"无法达成一致意见时，最终以某一位创始股东的意见为准，不容他人再提出质疑。通过这种有些硬性的安排，就实现了创始股东对公司的实际控制权。

厦门佳创科技股份有限公司的创始股东们就是这种方法的受益者。该公司的任何一个股东持有的股份都未超过30%，不能单独做出决策。为了维持对公司的共同控制，保证控制权的稳定性和重大决策的一致性，岱朝晖、陈建杰、关光周、王金城和颜蓉蓉5人于2014年10月26日签署《一致行动人协议》，共同掌握了公司60.26%的股份，成为外部投资方无法撼动的核心力量。

☞ **进行有利于控制权的资产重组**

公司资产的拥有者、控制者可以通过两种方式对公司资产进行重组，一种是与自己掌控的其他经济主体共同进行的对公司资产的重新调整、组合、配置，另一种是对存在于公司资产上的权利进行重新配置。

比如，当大股东在A公司所掌握的股权较低时，可以与另一家自己控制的B公司进行资产重组。具体方法是：向B公司发行股份，由B公司持有A公司的股份，如此大股东就拥有了原本持有的A公司股份，加上其控制的B公司代持的A公司股份，就增强了对A公司的控制权。

☞ **让表决权与股权比例脱开关系**

《中华人民共和国公司法》第四十二条规定："股东会会议由股东按照出资比例行使表决权；但是，公司章程另有规定的除外。"

也就是说，法律虽有规定，但公司制定的章程仍占据优先级。因此，通过公司章程的设计，实际上表决权是可以与出资比例脱钩的，即赋予创始人特定比例的表决权。

例如，某公司的创始人在融资过程中股权比例逐步缩小到30%以下。

但通过章程规定的方式，公司赋予创始人70%的表决权比例，实现了对公司的控制权。

☞搭建灵活性极强的双层股权结构

主要适用于允许"同股不同权"（资本结构中包含两类或多类不同投票权的普通股架构）的一些境外市场。在这种股权结构下，公司可以发行具有不同程度表决权的两类股票，因而创始人和管理层可以获得比采用"同股同权"股权结构下更多的表决权。

例如，企业上市后可以将股票分为A、B两类，向外部投资人公开发行A类股，每股只有1票的投票权，而向内部管理层发行B类股，每股有10票的投票权。这种股权结构的好处是：即使创始人和管理层只持有约三分之一B类股，就算失去多数股权，也能持续掌控公司。

☞修订公司股权方面的章程

大股东通过修改公司章程增加外部竞争者的收购难度和时间成本，进而确保自身的实际控制权。比如，在公司章程中对股东的界定增加"连续持股时间需要达到十二个月以上才有提案权和投票权"等限制，限制新增股东的提案权与投票权。

例如，无锡常欣科技股份有限公司于2014年12月9日修改公司章程，在原章程的第二十八条第二款中增加内容"公司董事、监事、高级管理人员在离职后半年内，不得转让其所持有的本公司股份"。至此，常欣科技通过修改公司章程，对公司高层人员离职后可能的转股行为进行了限制，保证公司的股份不会因高层人员的人事调动在短时间内发生剧烈变化，这有利于稳定控股股东掌握公司的控制权。

7.6 完善股权结构，退出不再是噩梦

冯大辉在丁香园任职六年后离职，其所持丁香园期权的处理引发争议，最后还成了沸沸扬扬的媒体事件。我们不论这件事的处理结果，只是通过此事对商业经营中遭遇合伙人退出的情况有个认识。

7.6.1 设置股权回购机制

对于可能发生的合伙人股东中途离开的情形，创业之初就要提前设置股权回购机制（对已经成熟的股权或尚未成熟的股权分别制定），以免出现因股权争议引发的混乱局面。

例如，某公司的一位创始人股东离职，按照之前分配股权时的书面约定，做出如下处理：该创始人未成熟的股权将无偿赠与公司其余创始人股东；对于已成熟的股权，其余创始人可以按照约定好的回购价格进行收购。

创始人划分股权的书面约定应注意以下两点：

（1）在协议中约定离职股东如果不愿出让股权，必须承担高额违约金。

（2）股权转让价款的支付期限建议约定较长时限（比如几年），以免其他合伙人因为现金压力而无法完成回购。

7.6.2 常见的股权成熟模式

☞按年成熟

下面借助案例进行说明。

现在有 A、B、C 三人合伙创业，股权比例是 6∶3∶1。一年后 C 决定退

出,但他手上还有10%的股份,此时就可以实行股权成熟制度。

根据三个人之前的书面约定,股权成熟期为四年,每满一年成熟25%(每个人的股权都均分成四份,四年期满后,所有股权才算成熟)。C干满一年,他可以享有自己股份10%的四分之一,也就是2.5%,剩下的7.5%就不是C的了。

这2.5%的股份处理方式,通常是其余创始人股东按照预先约定的金额进行现金回购。其余7.5%的股份则有几种处理方法:均分给A和B;以A和B对公司的贡献大小进行分配;重新找一个人加入代替C的位置,承接原属于C的7.5%的股份;流入股权池,待将来分配。

☞ **按项目进度成熟**

以一个项目的完成度来考核股权拥有者,看是否达到股权成熟的标准。达到预先约定的成熟标准,可以享有股份,否则不享有。有效的考核方法有:按产品测试、迭代、推出、推广的效果,或者达到的用户数等指标……

这种股权成熟方式更加适用于那些自媒体运营的创业项目。要求是,采用这种方式就要没有借口地予以施行。比如,原本预计要两年才能实现的用户数,某人在半年就做到了,这种情况下必须要兑现股权成熟的约定。

此外,还可以按项目的运营业绩实施股权成熟,如营收、利润等。因为不是所有项目都是数据为先的,有些项目是离钱比较近,更容易看到实际的利润,利润就成了最主要的业绩衡量标准,就可以根据业绩实施股权成熟的约定。

☞ **按融资进度成熟**

除了来自内部的参考标准外,还可以动用外部的参考标准。融资进度就是一个好方法,融资的数额可以印证产品的成熟度、资本市场对企业的评价如何、企业未来的经营走向可能是怎样的。

这种股权成熟的方式,往往作为辅助股权约定方式的存在。不能简单地以谁融资得多,谁就占据股份多。而要在出资、日常工作等方面进行协调后，看谁对融资的贡献更大，就给予额外的奖励。还要约定完成全部融资进度后，贡献最大的人能分到多少，贡献最小的人能分到多少，没有贡献的人又如何解释。

7.6.3 股权回购的范围和价格

在公司融资前夕，西少爷的创始股东之一宋鑫宣布从公司退出。他持股占到30%，对于退出后的价格，公司提出了"27万元现金+保留2%股权"的处理方式。宋鑫不同意，要求按照公司当时的4000万元估值计算，所以必须要拿到1000万元现金才愿意退出。双方争议的焦点是宋鑫以何种价格退出。

之所以退出发生后产生矛盾，原因就是退出机制不健全，主要还是对股权回购范围与回购价格约定不明确或根本没有约定。没有人能阻止他人的退出行为，但可以有相应的办法将创始人股东退出给公司造成的影响降到最低。

在对退出者持有的股权进行回购定价时，可以按照公司当时的净资产、净利润、估值来确定。其中，按照净资产和净利润定价，应该有相应的溢价，因为公司回购了员工手中未来的收益权。若是按照估值定价，则因为公司估值代表着公司未来一段时间的价格，要对公司估值打个折扣，再根据退出者持有的股权比例来确定价格。

没成熟的股权不存在回购问题，因为退出者没有达到行权条件，这部分股权仍归公司所有，公司可以直接收回进行重新分配或者放入期权池中。还有一种更快捷的方式，就是用1块钱定价回收退出者所有未成熟的股权。

7.7 跨过期权池陷阱，让公司更值钱

从投资人的角度，更偏爱投资哪种类型公司？是顺丰（王卫在顺丰的持股约在64%）这种比起期权来，更愿意给员工现金报酬的公司？还是阿里巴巴（马云在阿里巴巴的持股约在8.9%）、腾讯（马化腾在腾讯的持股为8.73%）这样非常注重员工持股和股权激励的公司？

下面，我们来看看怎样设置期权池更有利于公司运作！

7.7.1 不同的期权池预留

假设：

α公司和β公司都有三位联合创始人和五位创始团队成员。

α公司：三位联合创始人的股份比例为50∶25∶25，五位创始团队成员没有股份。

β公司：三位联合创始人的股份比例为40∶20∶20，五位团队成员共同持股10%，员工期权池10%。

在所有其他情况都一样的前提下，投资人会选择投资哪家公司呢？

答案是β公司。基于以下两方面原因：

（1）已经分出了员工期权，未来不会再稀释投资人的份额。实际上，对于A轮融资以后的投资人，在投资前预留出充足的员工期权池，是必须的要求之一。对于缺乏关键岗位的公司，甚至需要留出高达35%的期权池。

（2）员工期权池的建立，意味着创始人有分享精神。可以对团队形成正向激励，调动起团队的拼搏热忱，也能够留住骨干人才，还可以根据发展的需要通过股权激励引入高级人才。

7.7.2 实施"有限合伙"方式

公司通常以"有限合伙"作为实施股权激励的主体，员工通过持有有限合伙企业财产份额的方式间接持有公司股权，从而实现股权激励的目的。具体结构，如图7-8所示。

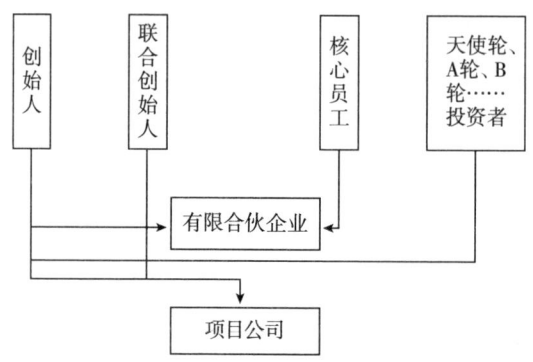

图7-8 有限合伙公司的股权激励

以有限合伙作为股权激励主体的优势主要有以下几个：

1. 风险隔离和自由约定

一般公司在采取员工直接持有公司股权的方式时，通常选择由创始人代持，这就人为导致了股权结构不清晰，容易引发矛盾，影响公司后续融资。而通过有限公司、合伙企业等帮助员工持股的，一方面能够隔离矛盾性风险的发生，另一方面可以对价格、限制等事宜进行自由约定。

2. 表决权和收益权分离

虽然有"同股同权"这种说法，但公司在进行股权划分时通常不会采用。因为有限合伙企业中的创始人作为普通合伙人，无论持股比例大小都具有法定的表决权和最终决策权；而员工作为有限合伙人，只是以出资金额为限承担相应的责任和分享收益，不具体管理合伙企业的经营事务，更没有表决权和最终决策权。

7.7.3 期权的实施流程

期权的实施流程通常分为三个步骤。

1. 授予期权

前期必须与员工签订期权合同,其中就授予、成熟、行权和变现等事宜做好约定。对于期权数量的规定,通常依据员工对公司的贡献而定,公司也会保留期权数量的调整权。

提示:期权合同和劳动合同最好分开签署,避免将期权视为劳动报酬的一部分,从而也适于劳动仲裁的规则。

2. 成熟行权

期权的成熟通常设定为四年,然后实施按年成熟。行权的要素有两个:一是行权价格,由公司根据发展情况自主确定;二是行权时间,通常约定时间为1~6个月不等。

提示:行权应确定适当的转让价款,通常以员工一个季度至半年的薪水为宜。

3. 期权变现

若公司上市,则员工的股权可以自行变现。若员工在公司上市前退出,通常由创始人回购股权。

提示:需要在《期权合同》中注明"创始人回购是一项权利而非义务"。

第8章
公司能赚多少钱,价值就能估多高

那些被估值很高的公司,无论有着怎样的战略管理、商业模式、组织架构、制度规范、研发体系、运营方略、人才储备、企业文化等要素,目的也只有一个,就是盈利。盈利是企业综合实力的体现,能持续盈利的公司一定有着强大的生命力和最大的价值。

8.1 别让你的盈利能力低于这些指标

本节总结出作为公司管理者在公司经营运作期间必须要明白的财务指标，以便时刻了解公司的生存能力。

8.1.1 反映公司获利能力的指标

1. 销售净利润率

指标说明：销售净利润率反映每一元销售收入带来的净利润数额，表示销售收入的收益水平。如式（8-1）。

$$销售净利润率 = \frac{净利}{销售收入} \times 100\% \qquad (8-1)$$

2. 销售毛利率

指标说明：销售毛利率是公司净利率的最初基础。如式（8-2）。

$$销售毛利率 = \frac{销售收入 - 销售成本}{销售收入} \times 100\% \qquad (8-2)$$

3. 资产净利率

指标说明：资产净利率反映公司用多少资金创造了多少利润。如式（8-3）。

$$资产净利率 = \frac{净利润}{平均资产总额} \times 100\% \qquad (8-3)$$

8.1.2 反映公司偿债能力的绩效指标

1. 流动比率

指标说明：通常情况下，流动比率越高的公司，其资产的流动性越强,短期债务的偿还能力也越强。当流动比率大于 1 时,说明公司的流动资产大于流动负债,公司偿还短期负债不必动用固定资产。如式(8-4)。

$$流动比率 = \frac{流动资产}{流动负债} \times 100\% \tag{8-4}$$

2. 速动比率

指标说明:速动资产是公司短期内可以变现的资产,等于流动资产减去存货后的金额。速动比率越高的公司,其资产的流动性越强,短期债务的偿还能力也越强。如式(8-5)。

$$速动比率 = \frac{速动资产}{流动负债} \times 100\% \tag{8-5}$$

3. 现金比率

指标说明:通常情况下,现金比率越高的公司,其资产的流动性越强,短期债务的偿还能力也越强。如式(8-6)。

$$现金比率 = \frac{现金}{流动负债} \times 100\% \tag{8-6}$$

4. 资产负债率

指标说明:通常情况下,资产负债率越高的公司,其利用债权人提供的资金进行经营活动的能力越强,而债权人发放贷款的安全程度则越低。如式(8-7)。

$$资产负债率 = \frac{负债总额}{资产总额} \times 100\% \tag{8-7}$$

5. 有形资产负债率

指标说明:有形资产负债率越高的公司,其债权人发放贷款的安全程度越低。如式(8-8)。

$$有形资产负债率 = \frac{负债总额}{资产总额 - 无形资产净额} \times 100\% \tag{8-8}$$

6. 产权比率

指标说明:产权比率越高的公司,其偿还长期债务的能力越弱。如式

(8-9)。

$$产权比率 = \frac{负债总额}{所有者权益总额} \times 100\% \qquad (8-9)$$

8.1.3 反映公司经营效率的指标

1. 库存周转率

指标说明：存货周转率反映的是公司库存管理水平的高低。通常情况下，存货周转越快，存货的资金占用越低，资金流动性就越强，存货转换为现金收益的速度也越快。如式（8-10）。

$$存货周转次数 = \frac{销货成本}{平均存货余额}$$

$$存货周转天数 = \frac{360}{存货周转次数} \qquad (8-10)$$

2. 应收账款周转率

指标说明：应收账款周转率越高，说明平均收账期越短，应收账款的回收越快，资产利用效率也越高。如图8-11所示。

$$应收账款周转率（次） = \frac{销货收入}{平均应收账款}$$

$$应收账款周转天数 = \frac{360}{应收账款周转率} \qquad (8-11)$$

3. 流动资产周转率

指标说明：流动资产周转率越高，等于扩大资产投入比例，增强盈利能力；若流动资产周转率越低，则需补充流动资产周转资金，降低公司的盈利能力。如式（8-12）。

$$流动资产周转率 = \frac{销货收入}{平均流动资产余额} \qquad (8-12)$$

4. 总资产周转率

指标说明：平均资产总额为年初资产总额与年末资产总额的平均数。总资产周转率越高，表示销售能力越强。如式（8-13）。

$$总资产周转率 = \frac{销货收入}{平均资产总额} \times 100\% \qquad (8-13)$$

8.2 全面预算管理，提前规划好未来盈利点

公司处在不同的发展时期，管理重点也会不同，所适应的全面预算管理模式也不同。因此，公司在设计全面预算管理模式时，必须根据自身所处的环境和条件，选择最适合的预算管理模式，提前规划好未来的盈利点。

8.2.1 全面预算管理的四种基础模式

☞ **用于经营的资本支出预算**

公司将现金投入于项目投放、产品研发、市场研究、前期营销、固定资产、基础建设中，很可能出现现金流量为负的局面，而新业务开发的成败并未可知，导致未来现金流量具有较大的不确定性，因此公司面临较大的经营风险。

资本预算管理是以资本投入到经营活动为起始，进行全过程管理，并做出各时期现金流出与流入总额的预算，目的是对资本运作项目进行监控与管理，以及评价资本支出的实际效果。

☞ **经营成本的控制预算**

成本相比较于其他方面，是相对稳定可控的，因此，公司希望得到更多收益，就需要在成本上挖潜。

将公司期望的收益提出来作为根据，以已知的市场价格为动态变量（因为市场价格经常变动），对公司的总成本进行规划预算。但是，得到总成本预算只是第一步，还需要进一步分解到与成本有关的所有部门，形成能够约束总成本管理的分成本预算管理。

☞ **对现金流量的全面把控**

分为净现金流量多和净现金流量少两种情况。在回收大宗应收账款和尚未进行投资之前,公司会产生大量净现金流量。现金为王的状态可保公司有足够的能力抗击风险。但现金本身不具备升值力,如果只是躺在那里不发挥作用,也会影响公司的发展,必须将现金投入到生产经营活动中,才能获得收益。这可能又会涉及投入过度的问题,将现金大量外移,导致公司现金流量稀少,失去了抗击风险的能力。

正确的现金流量预算管理,是要掌控现金的流入流出的过程,通过对现金流出去向的规划和现金流出过程的控制,达到对公司内部各项生产经营活动的控制。通俗的说法,就是让现金动起来,还要充分掌握它动起来的过程。

☞ **对目标利润的统一考评**

公司求发展就要开启业务的多元化、系列化,最终成为集团管理模式。但必须要做到的是,同时对不同类型子公司、分公司、分支机构进行经营控制和业绩考评,才能发挥集团的整体性优势。

需以设定的目标利润率为起点,并以实现该目标利润所进行的各项活动为主线,加强对各类不同子公司、分公司、分支机构的控制和考核。

8.2.2 全面预算管理的编制方法

预算是公司进行一项或一系列经营行为的前提条件,预算如果不准确或准确程度不高,会导致公司资源配置的全面错误,最终导致公司经营的全面失调。如何才能得到正确的预算呢?必须要选择合适的预算方法,使编制的预算更贴近实际。下面选出几种比较常用的方法,供大家参考。

1. 静态预算

又称"固定预算",是按固定业务量编制的预算。其优点是编制较为简便;缺点是难以应对市场较大、较快的变化,无法实时进行控制、考核、评价等。

2. 动态预算

又称"弹性预算",是一种具有伸缩性的预算,在不能准确知道业务量的情况下,根据业务量、成本形态和利润之间的依存关系进行编制的预算。该预算方法运用范围广泛,预算与实际具有可比基础,更有说服力。而且只要各项标准和价格不变,编制一次就可连续使用。

3. 滚动预算

该预算方法的预算期永远保持一个固定的时间段,如每过一个月或一个季度就根据新情况进行调整,在原来预算期末再加上一个月或一个季度的预算。其优点是保持预算的完整性、持续性,不断修正使预算与实际情况更相适应,公司各级管理人员始终对未来一个固定时间段的生产经营活动有所考虑和规划;缺点则是必须有与之相适应的外部条件,需要很大的工作量。

4. 概率预算

由于市场的不确定性,公司在实际预算过程中往往难以明确哪种收益水平或成本控制是可以达到的,硬性进行确定性预算是对公司的不负责任。而概率预算解决了这个问题,减少了数据预测不准所带来的风险,它先将预算指标中可能发生的概率性状态找出来,再应用到动态预算中,然后生成多种预算的结果,给公司提供多种备选方案。

8.3 客单价高了,利润率自然高了

客单价,往往容易被运营人员忽视掉。但客单价是销售总额的因子和变量之一,也可以从某种程度上反映消费群体的许多特点以及销售类目的盈利状态是否健康。现在就给大家捋一捋这个冷门概念,以助于提高产品利润。

8.3.1 影响客单价的因素

客单价,百度定义为平均一个客人购买商品的金额,在电商网站中可以理解为平均一个有效订单的金额。如式(8-14)。

$$客单价 = \frac{有效订单总金额(已成交)}{消费总人数}$$

$$客单价 = \frac{有效订单总金额(已成交)}{成交订单总笔数} \quad (8-14)$$

客单价总是随着时间的变化而变化的,所以,在计算客单价的过程中要考虑"在一定的时间范围内"。正因为不断变化,就会受到很多外界因素的影响,那么都有那些因素影响客单价呢?

1. 产品定价

自身类目产品定价的高低从基本上确定了客单价的多少。理论上讲,客单价只会在产品定价的范围内上下浮动(正常情况),但特殊类目商品除外,比如零食、文具等,一些用户通常会多件购买商品。

2. 促销优惠

在大型促销优惠的过程中,客单价的高低取决于优惠的力度(优惠券、折扣满减秒杀、赠品返利、免运费等),力度的大小对客单价有着重要影响。

比如,"双11"期间,某家店铺设置的免运费最低消费标准为199元,即消费满199元就能免运费。在如此大力优惠之际,用户往往会选择凑单购买的方式(产品吸引力也很重要),这时客单价就会较平时提高不少。

3. 交叉推荐是否合理

在商品详情页,店铺会推荐购买某某套餐,同时也在商品详情页内加入其他商品的图片链接,这种互链是交叉推荐的最原始定义,在流量上叫"相互引流"。

现在基于大数据的算法(浏览历史、类目关联、关注焦点、其他),在首页、中间页、搜索列表页、详情页、购物车页、订单详情页等,关联商品推荐无所不在。

4. 发挥类目优势

不同的类目属性其客单价是不同的。比如网上购物，排除免运费规定最低消费的影响，用户可以只买一件衣服，但几乎不会只买一包薯片。再比如逛超市，绝大部分情况不会仅仅是为了买瓶水。因为用户会为选购商品而消耗时间成本和操作成本，因此不会只买一件单位定价低的商品。

所以，客单价的影响因素实质上与商品数量有莫大关系。提高客单价就是提高单个用户购买商品的数量以及单个订单内商品的数量。当然，上述影响因素的成立，是基于商品质量有保证的情况下，并且没有大幅度低于市场价格的前提。

8.3.2 四个方法大幅度提升客单价

要怎么做才能提高产品的客单价呢？

☞ **让用户多买同类的商品**

用户购买商品，一个很重要的心理是有必须要购买的理由。有生活用品的刚性需求、追求美感的软性需求和满足心理欲望的心理需求。无论是哪一种，只要用户有了购买商品的想法，就要努力促使交易完成。此外，还要想办法让用户购买更多同类商品，这就涉及到帮用户建立购买理由的方法。

用户多购买其想买的同类商品，是提升客单价最基本的途径，也是见效最快的途径。比如，某用户想买一桶洗衣液，可以建议对方再购买一小袋去污粉，如果衣服上有非常难洗的污渍，去污粉可以快速清除，还不伤衣服。还可以告诉用户如果一次性购买两桶洗衣液，可以优惠多少钱。总之，帮助用户建立购买理由的有效方式有：降价促销、捆绑销售、同款折扣、买赠活动等。

☞ **让用户多买不同类的商品**

相比较购买同类商品，购买不同类商品能更加有效地提升客单价，毕竟谁都不希望买过多的同类商品。比如，将护肤品与洗护品捆绑在一起降价销售、将男士护理品与女士护肤品捆绑销售，都可以有效带动异类商品的销售。

在促成用户不同类商品的多买过程中，要考虑关联性商品和非关联性商品。利用这种互补性和暗示性的刺激购物拉动用户购买同类或异类商品。

☞ **让用户购买被"捆绑"的商品**

一旦公司知道自己的某一款产品存在特定的用户群，就可以为这些用户提供产品组合中的其他产品。也就是说，公司可以将针对每个用户定制的产品捆绑在一起，有针对性地捆绑销售不同的产品组合。

这种捆绑使得公司可以享受规模化的优势，同时又无须真正去构建规模。公司能够保持灵活性和创新性，专注于产品，利用自己的产品组合继续扩大用户群体。

2012年，Honest公司开始以会员制的方式销售各种安全有机的尿布和擦拭巾。服务的对象是细分产品的小规模用户群，此类用户希望买到不同于大众品牌的产品，仅一年时间该公司就获得了1000万美元的收入。

顺着这样的思路，Honest又开发了洗发水、牙膏和维生素等产品。如今，这家公司的销售额已经突破了三亿美元。

☞ **让用户购买价值更高的商品**

人人都有虚荣心理和求好心理，既希望购买的商品能给自己带来表面的光鲜，也希望购买的商品档次足够出众。这两种心理应善加利用，前者可以通过提升品牌知名度解决，后者可以通过提高商品定价解决。

某商场的A品牌护肤五件套售价2880元，同类B品牌的售价是1280元。但是A品牌的销售量要好于B品牌，因为用户更加认可A品牌的知名度，而且也直观地认为同款商品中越贵的就越好。

8.4 复购多一次，盈利升一点

公司做大的最根本性基础是能够吸引用户来购买产品，只有用户不断地来，不断地买，公司的价值才会不断增长，估值也就随之水涨船高。对于用户的理解，几乎所有人都明白"忠诚的用户是最可爱的人"，他们坚定地支持着自己喜欢的产品和生产该产品的公司，这些铁粉带来了一拨又一拨的产品重复购买率（指用户对某品牌产品或者服务的重复购买次数）。

复购率越高说明用户对该产品和生产该产品的公司的忠诚度越高，而参与重复购买的用户比例越大，说明该产品与生产该产品的公司越具有让人信服的技术实力和运营模式。可见，用户的复购率对于公司的成长发展有着多么重要的作用。

8.4.1 考量复购率的三点注意

复购率的重要性是不言而喻的，只有深刻理解复购率的价值，才能在正确的阶段做出正确决策。

1. 购买周期的限制

复购率的统计分析和统计周期关系很大，要结合所有产品的特性来综合考量，毕竟不同类产品的消费频次差异很大，如图 8-1 所示。比如，用户买零食类可能一周好几次，买蛋糕则是一年只有一次。所以，应该有所划分，可定为季度复购率、月度复购率、周复购率，而年度复购率因为时间间隔较长，参考价值就不够明显了。

图 8-2 中，A 产品每隔两周购买一次，数量是 4 个；B 产品每周都购买一次，数量是 1 个；C 产品每隔一周购买一次，数量是 2 个；D 产品也是每周都买，数量从 3 个到 5 个不等。以此可以得出，A 产品的购买周期

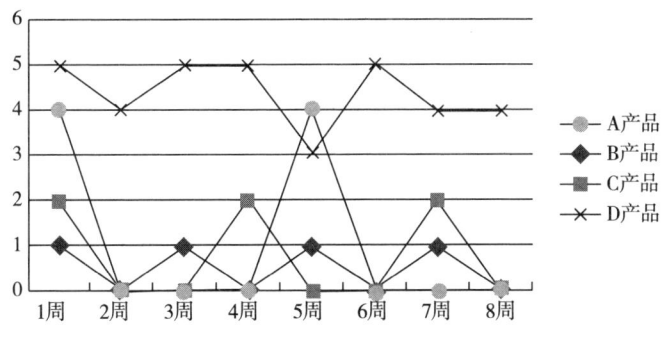

图 8-1 用户的购买周期

是三周,B 产品的购买周期是两周;C 产品的购买周期是一周;D 产品的购买周期是一周。

2. 品牌对产品加持

对于平台来讲有三类维度:一类是商品自身的品牌;二类是店铺品牌;三类是平台品牌。

比如"1 号店"的商家"董生活"售卖"三只松鼠"坚果,在分析复购率的时候,可以看"三只松鼠"的月度复购率,分析该品牌商品的用户喜好度;也可以分析"董生活"商家的月度复购率,分析该商家的经营状况;还可以分析"1 号店"的月度复购率,分析该平台的运营状况。

3. 拉新运营阶段的影响

运营阶段对复购率影响很大。在拉新阶段,重要的是获取新用户,复购率必然很低;到了留存阶段,重要的是新老用户的转化,复购率必会增长;在活跃和转化阶段,重要的是用户向粉丝的转化,复购率必然会大幅度提升。

8.4.2 提升产品的内容品质

任何形式的商品售卖,最终卖出的不是产品的个体,而是产品所承载的内容品质。在这一点上,用户总是以最简单的方法衡量——好与不好。买到的东西好,下次可能就会继续来;买的东西不好,下次一定不会再来了。

道理很简单，却不是所有人都懂。一些主打让利吸引新用户的产品，是降低成本后的残次品、临期商品，最终只会让用户失去对公司的信任。

此外，增加复购率并不指用户对同一款产品的重复购买，而是要基于整个品牌和整个平台的。所以，产品品类的丰富度也是提高复购率很重要的一个因素，想借助单一品类做复购率是很难的，特别是低频次消费的商品。

8.4.3 做好产品功能体验

如果产品在风格设计或功能改进方面，暂时还做不到创新和极致体验，至少不能在同行业产品里面落于下风。

比如，A电商产品正常的商品检索、商品详情、下单购买流程、支付流程、配送过程等环节做得都不错，只是在"商品分类"这一项比较繁琐，设计团队希望用户能更多地浏览商品，就在分类时做了太多的关联。结果这种方式给用户的体验很不好，用户每搜索一个商品页面就会有很多其他推荐跳出来，过度推荐已经干扰了用户的选择，破坏了购物的心情。

而同类的B电商，在"商品分类"这项就做得很简洁，用户搜索什么就是什么，只是有相关的推荐在下面出现，但不会无故跳出来，用户若想要去看相关商品，去下面直接找或者去搜索就可以了。这种每个业务模块都做到为用户着想的做法，才会给用户最好的使用体验，也才能最终留住用户。

8.4.4 打造会员体系

提起"会员卡"，好像上古大神一般的存在，真的是很老的方法了，但也真的是非常有效的方法，所以不管有多老，该用还得用。

很多公司做到一定规模之后，就会开始搭建自己的会员体系，一是为了丰富对用户的服务；二是为了提升用户对产品的黏性。常见的做法如会员等级体系、会员尊享活动、积分换购、会员成长体系等。

对于"会员卡"模式,很多电商平台并未放弃,反而用到了线上。比如,京东的"PLUS 会员"机制,用户支付一定数额的会员费后,可以享受到固定周期内的购买优惠,这种优惠是立减的,对于用户有着较强的吸引力。更重要的是,办了线上"会员卡",等于做了一个消费绑定,只要京东上有的东西,可能就不会再去货比三家了,除非价差很大。

8.4.5 借助大数据精准锁定用户

精准化推荐需要借助大数据,根据不同用户的消费习惯和浏览行为,预测用户可能要购买的商品,在向用户推送的内容中加入类似商品的推荐营销。

假如你是某电商平台上的用户,你最近七天的搜索结果列表页、商品分类列表页、商品收藏页、购物车里,有看过、添加过、收藏过某类商品,大数据就会搜集到,并猜测你一定是有了购买此类商品的需求。

这是可行的,因为用户通常是有了购买欲望后,才会去浏览相关的商品。有了这个前提,如果系统推荐一些用户所需要的商品,打动用户的概率是不是会大许多呢!

还有一种是预测洞察式的营销,也是基于大数据。统计用户过往购买的周期性行为,去预测相近周期后用户可能的消费行为。比如,卫生巾购买的周期性,婴儿奶粉购买的周期性、牙膏购买使用的周期性等。有了这样的购买契机,加上一张定向的优惠券,配合一点用户关怀,或许购买转化就提升了。

8.5 利用去规模化,提高公司盈利能力

曾经,规模经济可以为公司带来无与伦比的竞争优势。如今,人工智能可以掌握个体的需求,使得大规模定制成为可能,商业将由"去规模经济"驱动,传统的规模化优势反倒成为劣势。

8.5.1 大公司的优势不在

自20世纪初始,大量新技术的出现使得大规模生产成为可能,规模化时代到来。规模化不仅降低了固定成本,还为竞争者设置了准入壁垒。总之,商海中一艘艘的"巨无霸"显得强大无比,又好像永远不会沉没。

但现实并不轻松,规模化不等于永存。雷曼、安然、柯达、摩托罗拉等"巨无霸"倒下了。若不是杰克·韦尔奇剑走偏锋,开启了"去规模化"的改革,通用(GE)这个反应迟缓的大家伙也将倒下。

韦尔奇先改革了企业内部的管理体制,减少管理层次和冗员,将原来的8个层次减到3~4个层次。此后几年,又砍掉了25%的子公司,将350个经营单位裁减合并成13个主要的业务部门,裁员数万人。

这就是韦尔奇的经营理念——数一数二原则。他认为,"任何事业部门存在的条件只有一个,就是在市场上必须'数一数二',否则就要被整顿、关闭或出售。"

其实,这种"数一数二市场"原则就是去规模化。将不占优势的触手砍掉,留下最有竞争力的,然后以最能满足用户需求的产品在最合适的时机出击,占领市场。这是从公司规模化向产品需求化的过渡。

8.5.2 成为平台型企业

如今,成为一个可以承载更多商业模式和营销渠道的平台,是很多大

型企业的追求,只有成为平台,公司才能从庞大的规模化中解脱出来,成为"为他人做嫁衣"的高端企业。要想实现平台化,必须满足以下三个方面。

☞ 向内找定位,向外求创新

从过去公司为产品定位、为销售定位、为商业模式定位,转变到只为商业模式定位,而将产品的创新研发和销售方式转交给专业型公司来做。

比如,宝洁公司推出了"联系+发展"计划,就是面向公司内部找定位——成为缝隙产品的平台,面向公司外部求创新——放权给大量不断发展的专注型小公司研发创新方案。

这样的模式对宝洁公司自身是有利的,可以获取新产品的部分价值,而不是因为追求全部价值而与其他创新渠道做出的新产品成为竞争关系。此外,还对产品创新者非常有利,这些小规模的专业型公司可以"借用"宝洁公司这棵大树,将自己研发的新产品大力度推向市场,快速获得认可。

☞ 加快建设商务电子化

电子商务的概念已经被提出几十年了,最近二十年更是呈现蓬勃之势,但究竟有多少公司真正实现了商务电子化呢?恐怕占比还是偏少的,很多公司并未意识到电子化对于发展的重要性。

经济学早在二十几年前就曾预言,"公司的竞争力与自身信息化水平密切相关"。而且,公司想要建成平台,也离不开信息化的辅助和电子化、数字化的运作。因此,公司商务电子化是一种必须要采取的商业模式。

通过实现商务电子化,可以强化产品流、资金流、人员流及信息流的集成管理,不断提高公司的运行效率,以适应对外的应变速度,以此来降低成本,缩短经营管理和创新迭代的周期,为公司发展带来新的增长空间。

☞ 推动流程再造

公司的组织结构是实现一切新经营模式的基础,要先将组织结构进行去规模化,然后再实现其他方面的变革。

相对于原有的"金字塔型结构",公司的组织结构正在被更敏捷、更具有创新精神的扁平化"动态网络结构"所取代。

在这种结构中,原来偏僵化的层级管理和控制部门将被平级化或外包性的组织或公司所取代,可使公司的管理减少层次,让决策层与执行层更快速地连通起来,实现削减机构规模,让管理更灵活的目的。

8.5.3 注入绝对的产品专注力

专注是一个长久的话题,很多公司在创业阶段做到了专注,也因此取得了成功,但随着公司的发展壮大,利润点变得越来越多,感觉做什么都可以收获利润,因此专注点就逐渐迷失了,最终公司规模发展起来了,却失去了原有的发展动力,公司成了难以运转甚至随时会窒息的大物件。

在去规模化的时代里,公司应该力争让自己看起来更像是一个"网络综合体",由若干"小公司"组成。每家"小公司"都是网络中的一个节点,都以母体公司为运转核心,专心致力于生产能完美契合于细分市场的极致产品。

正是基于这种发展模式,进入21世纪以来,各大公司都在力争摆脱非核心业务。苹果公司和耐克公司将产品制造外包给了中国的公司,奈飞(Netflix)也不再构建数据中心,而是依附亚马逊的网络服务来运营自己的娱乐流媒体服务。可以预见,未来规模化公司的外包之路将走得更远,而专业性外包公司也热衷于为大公司分担压力,同时他们也能借助大公司更好地发展自己,因为除了打造产品,其他方面的能力都可以向大公司租借。

8.5.4 形成联盟抵消自身的规模化

一个人若想做十件不同类型的事,需要会十样本事,需要准备十种工具,需要结交十类人,还需要达成几十种甚至更多的额外需求。但若是十个人在一起做十件不同的事,只需要每个人会一样本事,准备一种工具,结交一类人，达成一种、顶多几种额外需求就可以了。

那么，哪种情况在竞争中比较占优势呢？不用说就能得出结论，一定是后者，因为后者是聚力行为，对个体的要求低，付出的时间、精力、代价都会少很多；而前者是独立行为，对个体的要求太高，付出的时间、精力、代价都是巨大的。

同样的道理，一家公司和十家公司同时做十个市场，一定是十家公司的获胜，哪怕是十家小公司挑战一家"巨无霸"公司，"巨无霸"公司的胜算也不会很大。因此，在经济学中，就有形成联盟以抵抗超级竞争对手的说法。

想要形成联盟，增强公司的能量，有以下两个要点可以借鉴。

1. 从独立运作到各方共同参与

独立运作会加大公司的经营负担，若是形成一个企业联盟，各方积极参与，通过资源和信息共享形成强大的市场竞争力，能使参与其中的各方收获更多的利益。

比如，某家装公司与利益相关公司组成联盟——包括开发商、装饰材料厂商、设备厂商、配套产品厂商、家用电器厂商等，合作开发市场，目的是为用户提供一对一的个性化服务。

2. 从单一营销到多元营销的转化

随着线上线下的全方位结合，拓展了公司发展的空间，总之，线下与线上品牌正在加速合作，形成从单一到多元的转化，逐步构建起适合自身的网络营销体系。

沃尔玛在线下实体店的发展一度趋近饱和，他们便将扩展空间投向了互联网。在中国收购了"一号店"，并推出了只要买够一定金额的商品就可以免费送货到家的服务，而且网上价格比实体门店便宜。

8.6 成本管理,再好的盈利也经不住浪费

成本管理贯穿于公司管理的全过程。加强成本管理是降低成本、提高公司经济效益的重要手段。对成本的控制力度能体现出公司的综合管理水平,因此,想长久发展的公司必须强化成本管理,以适应市场经济发展的要求。

8.6.1 成本管理四原则

成本控制与各职能部门及每名员工利益有关。因此,成本控制需要建立在全员控制的基础上,把成本管理落实到每个人。

1. 开源与节流并举

成本控制曾经主要采用节流的方式,即节约成本开支。现在注重开源和节流双管齐下,通过引进先进的管理经验,做好项目的成本管理,达到控制成本的目的。

2. 对制定目标的管理

实现目标需要资金经费的支持,必须建立起科学的费用估算与控制体系,将用作实现目标的费用控制在预算范围内。

3. 责任、权利、利益相互制约,相互作用

执行一项任务,其中所涉及到的所有相关人员都负有一定的成本责任,而所有责任人在规定的权利范围内都享有一定的权限(如决定某项开支、开支数额、开支方式等),以便对任务所需成本进行控制。

4. 节约

对各项成本费用的支出进行限制和监督;提高项目管理水平、优化执行方案、提高生产效率;过程中经常检查、查找偏差,制止可能发生的浪费。

8.6.2 经营中必须管理好的三种成本

1. 采购成本

如果公司在进行采购时,只看到产品价格这种显性成本,而忽视了对供应商进行管理的隐性成本,就说明公司对采购成本的控制较弱。因此,必须从整体上有效缩减采购成本。

建立供应商档案和准入制度。对供应商严格审核后建档编号,并定期或不定期更新,档案中记录供应商的联系方式和地址,要有付款条款、交货条款、交货期限、品质评级等。

2. 生产成本

生产成本管理的难点有两个,一是生产计划和物料计划的不协调。现实生产中,物料计划常会滞后于生产计划,生产线或者停工待料,或者紧急更换生产物料,从而导致生产无法连贯。二是生产报废管理不严格。往往只有记录,没有有效地管理和核算,使得多报废现象严重。

必须建立严格的材料计划,并且生产材料需要专人专管,投料需尽量准确,避免因过多或过少造成的浪费和质量问题。首件产品制成后要立即检验,确认合格方能批量生产,并在生产过程中进行抽样检查。

3. 售后成本

售后服务是公司对用户的承诺,承诺越多,成本越高。多数公司只建立服务体系,不重视售后维修中的备件损耗问题,造成成本浪费。

可以通过与当地经销商合作,建立区域性服务平台,公司定期派技术人员进行培训,并监督售后政策的执行情况。还要将维修备件的成本详细记录,注意这类隐性成本的增加。

8.6.3 构建虚拟化竞争力

如今是虚拟经济与实体经济并存的时代,是虚拟经济节省成本,还是实体经济节省成本?其实,不用多想肯定是虚拟经济节省成本。开发一套软件的成本，相比开发一套设备的成本，除了人力支出相当外，其余的支出都是完胜。创业也是一样，通过实体经济创业和通过虚拟经济创业所耗费的本钱是天差地别的，一台电脑加一个年轻人就可完成虚拟经济的创业，实体经济显然无法达到。因此，我们强调构建虚拟化经济的竞争力，借此不仅能节约成本，还能拓展公司的生存空间。

如今，越来越多的公司都很关注自身在网络环境的生存状况和所处位置，能否有能力参与到网络虚拟空间，获得全新的、倍增的、广阔的利润来源，成为衡量公司未来发展的重要标志。

绿盛食品公司与天畅科技公司合作，首次在网络游戏中销售真实物品。游戏玩家可以在游戏中的虚拟食品店中下单购买真实物品（信用卡支付或货到付款），再通过专门配送系统，物品可立即送到买家手中。

相比较于借助网络发展，直接将有形的实体物品的销售转化为无形的产品服务，是另一种虚拟化的竞争力。

有一家缝纫机店开业，但不是卖缝纫机，而是开缝纫吧。老板的想法很简单，如今买缝纫机的人少之又少，但有一些爱好自己动手缝制小物品却不会缝纫的女孩子，何不满足她们的需求呢？想要做什么，就来店里租用，体验最好的服务。如此，就为众多缝纫爱好者提供了一个乐趣多多的场所。

第9章
有形资产价值有限，无形资产估值无限

无形资产评估对于盘活企业资产、促进产权重组、加速生产经营与国际市场接轨都有着极其重要的意义。无形资产是企业品质、商标、资信、盈利能力等综合实力的体现，是公司的宝贵财富。因此，管好用好无形资产，可使公司产生巨大的经济效益。

9.1 给你的无形资产建造一条护城河

公司除了要重视有形资产,还必须加强无形资产价值评估意识,做到对现有无形资产的价值心中有数。这样才能在日常经营中有意识地保护无形资产,使其保值增值。

9.1.1 资产管理的新概念

一切与公司经营有关的、能为公司带来经济效益的没有物质实体的资产,都属于无形资产。可以这样理解,无形资产是一种资源性的固定资产,是不具有实物形态而主要以知识形态存在的重要经济资源,是为其所有者或合法使用者提供某种权利或优势的固定资产。

无形资产包括专利权、商标权、著作权、土地使用权、非专利技术、商誉等。无形资产作为以知识形态存在的重要经济资源,在公司发展过程中的作用越来越大,而且起着关键的作用。无形资产具有如下主要特征,如图9-1所示。

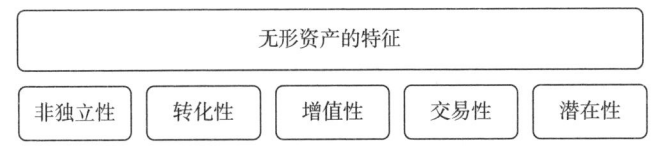

图9-1 无形资产的特征

(1)非独立性:无形资产依附于有形资产而存在,因此缺乏绝对的独立性,也不能独立发挥其帮助公司获取经济效益的能力。

(2)转化性:无形资产虽然是看不见、摸不着的非物质资产,但同有形资产结合之后,就可以相互转化,并产生巨大的经济效益。

(3)增值性:无形资产能给公司带来强大的增值功能,并且无损耗,还会随着公司的增值而继续增值。

（4）交易性：无形资产虽然不具有具体形态，但却因为有其价值性而具有可交易性。比如，公司的专利权、商标权可以在市场上进行有偿转让、拍卖。

（5）潜在性：无形资产是公司在生产经营中靠日积月累、不断努力渐渐培育出来的，再经过长期提高而逐渐增值。它潜存于公司中，如经验、技巧、人才、价值精神、员工素质、公司信誉等。

由于无形资产具有非独立性，容易被忽视，从而造成流失，因此，必须对无形资产进行保护，公司内部一定要有针对无形资产的核算管理。

9.1.2　公司内部加强无形资产的核算管理

如今，公司对外资产重组进行的转让、租赁、兼并、收购、资产置换等经济活动相当频繁，无形资产的运作和交易也显得格外活跃，通过对无形资产的内部核算和管理，可以减少交易过程中的损失。

公司需要建立"无形资产管理责任制度"和"无形资产内部审计制度"，并设立专门机构，配备专业人员，对无形资产进行全面管理。

公司应关注自身无形资产的价值，加强无形资产的取得、分期摊销、对外投资转让的会计核算。实施无形资产的监管，及时对无形资产的未来收益、经济寿命、资本化率进行评估和确认，从动态上掌握公司的无形财富。还要从技术手段和管理措施等方面入手，做好公司无形资产保护和保密工作。对公司专有的技术、配方、特殊工艺等无形资产要配专人专管，以防丢失和被窃。

在产权交易中，应注意无形资产的安全防卫，加强对专有技术、计算机软件、营销网络等商业秘密的保护，学会用高科技手段来维护公司无形资产的安全，谨防泄密而导致无形资产流失。

此外，必须注意对人才的合理安排。公司可以给重要员工一定的股票期权。比如，与接触公司商业秘密的员工签订保密协定，对其加以约束。在涉及无形资产的交易中，要注重人才的合理安置，防止人才流失和因跳槽而带走重要的技术、经验、营销网络等无形资产。

据统计，70%的公司商业秘密都是因为员工流动造成的。若遭遇这种状况，公司必须利用法律武器来维护自己的无形资产。比如，依据《反不正当竞争法》对已离开的员工进行限制，不让其有机会利用原公司的无形资产为新公司或自创公司谋利益。

9.2 知识产权保护有多好，公司价值有多高

知识产权是公司创新能力和核心竞争力的重要标志。公司专利的数量和质量体现的是根本实力和科研水平，公司拥有专利越多、布局越完善，品牌影响力越大市场占有率越高。

知识产权也称为"知识所属权"，指权利人通过其智力劳动所创造的成果，并享有该成果创造出的财产权利。知识产权主要包括专利、商标、著作权、商业秘密等。

公司研发新产品必然会投入大量的资源，必须要对所有知识产权进行有效保护，防止竞争对手通过模仿、复制、反向工程、商业间谍等不正当手段，低成本地获取到知识产权。如果发生这种情况，必会出现价格低廉（因为模仿公司没有投入研发成本）、但质量相当的仿制品，会严重损害投入研发成本的创新公司。因此，知识产权愈发受到公司的重视和保护。

三星的第一代 Galaxy 手机与 iPhone 4 手机的相似程度很高。2011年初，苹果公司发布了 iPhone 4 和第一代 iPad。4月份，苹果公司因为三星 Galaxy 系列手机和平板电脑抄袭了 iPhone 和 iPad 的外观设计和显示屏图标设计，而向三星公司发出专利授权邀约，但遭到三星公司的拒绝，苹果公司便起诉三星公司侵犯其专利和商标权。

在此后长达五年的时间里，索赔、上诉、撤销诉讼、和解失败、反诉……2016年末，官司打到了美国最高法院。之前法院终裁三星公司产品

侵犯了苹果公司五项专利——两项实用专利和三项设计专利。但具体三星公司需要向苹果公司支付多少赔偿金却悬而未决。至2018年，官司仍然在继续，三星公司败诉已是事实，只是在赔偿金额上做着最后的努力。

专利适用的范围越广泛，它们就越有价值，专利所有者的影响力也越大，竞争对手挑战它们的难度也就越大。由此可以看出，知识产权是产业竞争的有力武器，"得专利者得天下"也是产业的竞争法则。

9.2.1 知识产权管理小组

为了更好地保护公司的知识产权，除了与侵权者法庭相见外，还应做到未雨绸缪，在公司内部完善保护机制。比如，成立知识产权管理小组，来具体负责公司知识产权的管理和保护。

通常由公司最高管理者牵头，担任管理小组组长，下辖技术管理中心、综合管理中心、运营中心，如图9-2所示。根据公司的运营、研发和生产现状以及规划，编制公司知识产权年度工作计划，配合和协助知识产权申报等事宜。

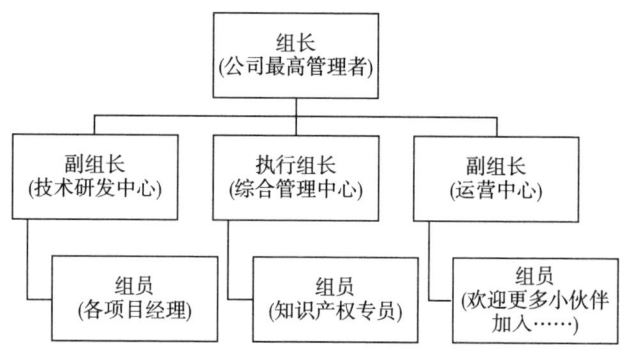

图9-2 知识产权管理小组

此外，公司还应设立知识产权奖励基金，对团队或员工的发明创造、实用新型技术、软件产品、设计产品等成果予以奖励。具体做法可以是：由知识产权管理小组代团队或员工进行专利申请，获得专利证书后（专利发明人或设计人为团队或员工，但所有权归公司所有），公司自专利权授权公告之日起三个月内，给予专利成果的发明人或设计人一次性现金奖励。其中，团队奖励分配方案，由该项知识产权成果的第一负责人根据贡献大小合理制定。

商标在获得商标注册证书后，公司可自获得证书之日起三个月内，给予设计商标的团队一次性现金奖励。

对于获得知识产权重大奖项，如取得重大发明创造奖项（中国专利金奖、中国外观设计金奖、中国专利优秀奖、中国外观设计优秀奖等），视具体情况给予团队或个人一次性现金重奖。

9.2.2 明确专利保护的范围

1. 技术设计专利权

对于发明创造或者实用新型技术的专利权保护范围，以发明人或设计人的权利要求书的内容为准。

权利要求书包括前序部分和特征部分。前序部分写明发明创造或实用新型技术的方案主题名称；特征部分写明本专利技术最接近但区别于现有技术的技术特征。

现在，有一项专利技术的权利要求书：一种产品，由 A 与 B 组成，其特征则表现在 C 和 D。如果，权利要求所要保护的技术方案必须包括完整的 A、B、C、D，而不仅仅是技术特征 C、D，那么，某款产品包含了该专利的技术特征 A、B、C，另一款产品包含了该专利的技术特征 A、B、D，属不属于侵权呢？

答案：不属于。根据权利要求及保护范围，只有覆盖 A、B、C、D 全部技术特征才属侵权。因此，在进行专利的权利要求时，必须慎重严谨，将所有能保护的专利技术都保护起来，不给竞争者以可乘之机。

2. 外观设计专利权

申请外观设计专利权保护，不要求提交权利要求书、说明书等文字说明文件，而要求提交图片或照片，专利保护范围以表示在图片或照片中的外观设计为准。

判断是否侵权的标准：在与专利产品相同或相类似的产品上，使用了相同或相似的外观设计，即被认为侵权。相同的产品是指用途相同，功能也相同；相似产品是指用途相同，具体功能有所不同。

9.3 商标不止是品牌符号，更是宝藏

想创立一个品牌，大部分申请人都清楚必须去做第一件事——注册商标。但却很少有人知道，想做好一个品牌，首先要做好的是商标的保护。商标不止是公司的品牌符号，还是属于公司的无价宝藏。世界很多知名公司的品牌商标价值已经超过了其自身的有形资产价值。

9.3.1 注册商标的作用

商标是公司的形象象征，在公司日益发展成熟的过程中，商标的影响会越来越大。商标对于公司的好处可以分八点来讲。

1. 保护公司的合法权益

商标最大的作用是将本公司产品与同行业其他公司的产品区分开，申请注册成功的商标为公司专有，受法律保护，能够更好地维护自己的品牌。

2. 抢占先机

我国对同一商标注册申请实行"申请在先"的原则，申请在后者非但不能获准注册该商标，而且连使用也是不允许的，否则就构成侵权。

3. 市场中的通行证

目前，各大商城、卖场、超市要求只有持有注册商标的品牌才能进驻。行政管理部门通过对商标的管理来监督商品和服务质量，为办理质

检、卫检、条码创造必备条件。

4. 带来品牌效应

公司壮大后，商标就是公司的品牌标志，用户会自动将商标标志与公司结合起来，形成非常好的社会效应和销售效应。

5. 区分商品或服务的来源

商标是区分商品来源的重要标志，是用户认牌购物的基础之一，公司可以通过商标将自家商品与其他商品区别开，有利于提高商品的知名度。

6. 作为公司无形资产的信誉载体

作为现代企业所必须的形象特征及无形资产，商标越来越受到重视。商标与其他财产一样，是公司的财富，甚至有机会成为巨额财富。

7. 可以作为一项投资

商标是一种无形资产，可以对其价值进行评估，在必要时期可以转让，为公司创造收益。或者根据自己商标的价值申请抵押贷款、财产投资，使公司资金周转顺畅。

8. 有利于公司持续发展

未来公司要做大做强，知识产权是一项强有力的竞争武器。因此，公司领导者一定要懂得提前布局，重视对商标的注册和保护。

9.3.2 商标保护的三个梯度

当被人问起公司商标的情况时，大多数申请人都会说："我们的商标注册过了"，却很少有人说："我们的商标保护得非常好。"其实，商标不仅是注册就可以的，还需要进行保护。下面带大家了解商标保护的几个维度。

1. 给公司发展注入具有惯性的持久力

品牌创立之初，商标往往随之确立，此时商标拥有者会对自己的品牌发展做出一番规划，如此有助于公司的纵向发展（向上下游的渗透）和横向发展（向其他领域的渗透）。因此，在进行商标保护时，不但要将目前所经营的商品或服务提出注册，也要对公司将来有可能涉足的行业加以注册保护，不仅是为了日后使用时的便捷，也能防止在品牌做大后被其他公司抢注，引出争议。

比如，目前从事塑钢门窗加工行业的公司，日后经营可能会涉及到其他与建材建筑相关的行业。那么，公司在初次进行商标注册时，就要将现在经营的和将来可能从事的行业商品或服务一并进行注册。

2. 防备本公司商标被丑化

品牌的发展过程中，仅仅懂得自我保护是不够的，还要懂得防范他人，因为品牌一旦做大，就会有投机分子想来空手套白狼地分几杯羹，如果投机成功，一定会给公司带来巨大损失。因此，必须要时刻防备公司商标被丑化。常规的做法是，除了将目前以及将来可能从事的行业进行注册保护外，还要提前在危险领域做好防御——即将有可能"丑化"商标的领域纳入进来。

比如，从事食品行业的公司，不但要做好食品及相关行业的商标注册和保护，还应考虑农药、化肥等会丑化公司品牌的类别加以注册保护。

3. 保护商标的唯一性

商标的价值就在于它的唯一性，用户一见到，就知道这是什么商品，如果是大品牌，见到商品 LOGO，就会有种天然的信任感。就像耐克的"大对勾"，所有人都知道这是耐克。如果这个"对勾"不是耐克专有，被其他公司模仿了，耐克损失的将不仅仅是销售额，还会是多年建立起来的品牌效应。

因此，保护商标的一个重要方式，就是对商标进行全类别注册。完全地保障本公司打造的品牌在市场上的唯一性，防止被他人在其他行业中注册，影响自己品牌的发展。还要对商标名称进行防御，最重要的是将与商标名称相近的名称进行保护，以防止同行业进行模仿。比如，与六个核桃相近的"六大核桃"，雕牌洗衣液则出现了"周住牌"的雷同品。此外，还要对具有相当知名度的公司负责人的名字进行注册保护。如马云、马化腾、乔丹、贝克汉姆等，以防竞争对手注册使用，使用户产生混淆和误认。

9.4 商誉越高，公司价值越大

能在未来为公司经营带来超额利润的潜在经济价值，或预期的获利能力超过可辨认资产正常获利能力（如社会平均投资回报率）的资本化价值，就被称为"商誉"。商誉是公司整体价值的组成部分。

9.4.1 商誉的本质

商誉的本质是使公司中的人、财、物等因素在经济活动中相互作用，形成一种"最佳状态"的客观存在。

美国会计理论学家埃尔登·亨德里克森在其专著《会计理论》中提出了"三元论"——好感价值论、超额收益论和总计价账户论。

1. 好感价值论

商誉产生于公司的良好形象及用户对公司的好感中。这种好感的起源有很多面，优越的地理位置、良好的口碑、有利的商业地位、良好的劳资关系、独占特权和管理有方等方面都有可能。

由于这些因素多是看不见摸不着的，或是看得见却摸不着的，无法进行资产化的记录。因此，商誉实际上是指公司各种未入账的无形资源，故好感价值论亦称"无形资源论"。

一味简单地认为商誉是一种未入账的无形资源也是不妥当的，因为按照现行惯例，只是"自创商誉"不入账，"外购商誉"（合并商誉）是入账的。

2. 超额收益论

超额收益是指在较长时期内，公司能获取较同行业平均盈利水平更高的利润。商誉是与公司整体结合在一起的，无法单独辨认，但公司一旦拥有它，就具有超过正常盈利水平的盈利能力和服务潜力。因此，商誉的价值必须通过整体所创造的超额收益来体现。

商誉一定会产生超额收益，但公司的"超额收益"却是多种因素作用的结果，必须剔除一切非正常的和营业外的因素，以免歪曲商誉的价值。

3. 总计价账户论

也称"剩余价值论"，认为商誉是一个公司的总计价账户，是继续经营价值概念和未入账资产概念的产物。

继续经营价值概念认为，商誉本身不是一项单独的会增值资产，而是整体价值（实体各项资产合计的价值）超过了其个别价值的总和；未入账资产指的是如优秀的管理、忠诚的用户、优越的地点、良好的口碑等。

9.4.2 建立健全企业信用

建立并不断健全企业信用管理制度，才是落实企业诚信文化的根本保证。制度约束可让每一个人对某种事物从一开始的不认同、不接受，逐渐地转变为服从与内化，最后自觉地改变原有认知并认同它。当然，达到这一效果的前提必须是企业制度的正确性和良性化，否则就达不到树立企业商誉的目的。

必须把诚信文化渗透到管理过程的每一步，通过制度这种外在的、硬性的调节，在公司内加以推广和传播，逐渐使之变为员工的自觉行动。

另外，作为公司的管理者要根据制度实施的情况，及时修订和完善，使其逐步成为全公司道德规范的重要组成部分。

IBM公司把"诚信"和"顾客至上"作为公司的座右铭，提出"BM就是服务"的理念。在这种理念的长期督导下，公司上上下下都把"用最大的诚意"来忠实顾客并满足顾客的要求当作自己做事的准则，并因此取得了巨大成功。

9.4.3　提升企业管理者的人格信誉

提升企业诚信度,必须先提升管理者的人格信誉,因为管理者作为企业的"顶梁柱",其品格对企业信用起着很大的模范作用。绝对不会出现品行不佳的管理者领导出商誉价值高的企业的状况。

要求管理者必须做到严格自律,率先垂范。以真正为用户服务、为大众服务、对社会负责的心态,以企业可持续发展的眼光,以决不因眼前小利而失去诚信的做事原则,努力做到以德立威、以德修身和以德服众的境界。如此,管理者才能通过培养自己的诚信人格,树立起磅礴的浩然正气,带动企业建立诚信的文化氛围。

9.4.4　实施员工素质教育,拉高企业商誉价值

对于企业经营,有句非常有名的话,"效益在市场,根基在员工"。任何准备创业或已经走在创业路上,甚至已经取得成功的人,都应该牢记这句话。效益来自市场,这是非常直观的一种状态,好与不好所有人都一目了然,但企业真正的根基是来自于全体员工。员工的整体能力和素质,决定了企业的实力和诚信度。因此,提升企业商誉的根本在于员工,要通过实施全员素质教育,提高全员素质,从而拉高企业的整体信誉。

全员素质教育不能流于表面,也不能最终演变为技术培训,要始终将诚信作为教育的核心内容,有计划地、长期不懈地对员工进行思想培训,使诚信的理念真正深入人心,使员工具有以诚待人、公平竞争的职业道德。

另外,在进行招聘时,企业应该将诚实品德列为同技术过硬相同的入职要求,如果应聘者两者兼具,自然要招募进来;如果只能在或具备诚实品德或具备过硬技术的人之间做选择,必须要选择具备诚实品德的人,因为技术是可以培养的,但不正确的人生观和价值观是难以纠正的。因此,做到对员工素质的培训和选拔,可以从源头上提升企业的诚信度。

9.5 员工素质培训，一流公司必有一流员工

"木桶理论"可以更贴切地解释员工素质对公司的影响。公司就像木桶，员工就是组成木桶的木板，木桶究竟能盛放多少水（公司有多大的市场潜力），取决于最短板（综合素质最弱员工）的高度（能力）。而每一块木板的纤维，就相当于该员工所掌握的各项专业知识和技能，如果纤维韧度够强大（专业知识和技能够强），木板的质量就越好（员工的综合能力越强），木板质量好（员工能力强），木桶的质量才能好（公司才能强大）。

从"木桶理论"可以看出，公司应加强员工的教育培训，提升员工的整体素质，才能持续提升公司业绩和实现战略规划，这是公司长远的发展动力。

员工是否具备职业化的意识、道德、态度和职业化的技能、知识与行为，直接决定了公司和员工自身发展的潜力和成功的可能。提升员工能力最好的途径就是有针对性地培训教育。培训工作的开展，主要有以下途径。

☞**着重日常培训，精炼专题培训**

鉴于员工的文化水准、所学专业、工作阅历、地域文化、生活经历等各不相同，素质必然参差不齐。而且同一名员工，在不同公司、不同岗位或同一岗位的不同阶段，对其的要求也不同。这就要求公司对员工统一进行培训和教育，使员工具备完成工作所需要的各种能力。

具体的做法：指定出固定的时间，通过召开会议或网络传达、讨论的形式，对员工开展日常业务培训，如公司的发展规划、公司的业务运作、公司存在的问题、团队存在的问题、个人存在的问题等。

培训时间或以周算，或以旬算，或以月算，但不建议频率低于周或高

于月,过频会让员工产生厌烦心理,过稀起不到培训的效果。培训的组织者可以是公司领导,也可以是单独的团队,建议是公司领导和团队交叉进行,有助于员工的整体性成长。

因为员工的底子和接受能力的差异,不可能每个人的培训效果都是优秀,对有的人要有再培训、再教育的准备,着重进行工作必备的专业知识的培训。

进行专题培训时,可请相关领域的专家或优秀的员工进行专题讲座或研究讨论,具体内容应针对工作中存在的典型问题。

☞**理论与实践相结合**

实践出真知,想要成为能力出众的员工,既要在理论方面有充分准备,又要在实践的挑战中感受到理论的重要性。

在理论学习方面:建立健全的学习制度,理论学习有周计划、月计划、年计划,并且内容明确、时间明确、要求明确,使理论学习最终达到制度化、规范化。具体的方式有两类,如图9-3、图9-4所示。

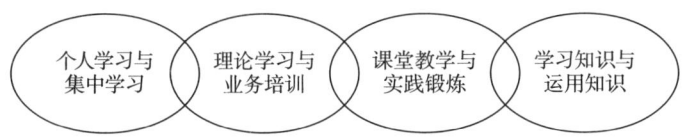

图9-3　员工理论培训的多样化形式

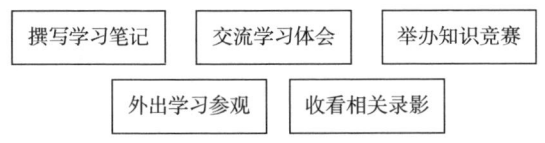

图9-4　员工理论培训的实际化落实

在实践方面:委派员工从事与其学习相关的工作任务,使其在实践中体会理论的重要性,并在实践中成长。

☞**说出来 + 请进来**

员工都有自己独特的经历、爱好和专长,在工作中也有各自的心得体会和经验总结。因此,要适时开展小组讨论会或交流恳谈会,让员工将自己对工作的理解和建议讲出来，每个人都讲一讲，彼此间相互借鉴，取长补短，可以实现共同提高。而且，通过这样的活动，还可以培养员工之间的团结协作精神。

但是，仍有一点值得注意，仅靠公司内部的交流、培训，是很难适应如今快速发展的时代的，必须懂得借助他人的智慧，帮助自己提升能力。这就需要"请进来"的方式，将同领域的专家或专业技术人员请到公司，进行专题性的讲座，也可以将员工送到有关院校或研究院所参加相关的业务培训。还有一种方式是，常年与某专家保持联系，给予对方经济上的酬劳，目的是让对方在公司出现问题时可以及时给予帮助，员工有了问题，也可以将相关问题集中后，统一进行咨询。

☞ **优秀品质和技术技能两手抓**

技能的获得是容易的，但如果员工没有优秀的品质，掌握的技能越多，可能对公司的危害越大。要提升员工的职业素养，首先要搞清楚职业素养的关键是什么？除了显性的知识、技能外，还有隐性的职业意识、职业道德、职业态度。

大部分公司都重视显性的技术能力的培训，却忽视了隐性的思想素养的培训，因此很难从根本上提升公司和员工的核心竞争力。

全方位职业素养培训的作用就是要"破冰"，将隐性的品质与显性的技术完全协同起来，更大程度地让品质成为衡量一个人的标准，也让品质在员工的工作中发挥核心作用。只有重视员工隐性的思想素养的培训，才能更大地、更好地提高员工技术能力的培训效果。因为一个人只有由内而外地改变后，其能力才会真正得到提升。

9.6 信息时代，数据才是最值钱的

从来没有哪个时代比当下更重视数据的价值。若干年前，当我读完了被誉为"大数据商业应用第一人"的维克托·迈尔·舍恩伯格的《大数据时代》时，只有一个感觉，即一个新的时代来临了。

9.6.1 数据是重要的基石

数据在现代商业和社会体系里的作用越来越重要，主要是基于以下三点基础。

1. 越来越多的数据被记录

人类的个体和家庭活动、城市的日常运行、社会事件和新闻焦点等，在发达的互联网环境中，这些数据变得很容易被存储、查询、分享、挖掘。

2. 数据的生态的建立

数据从采集到存储到分析再到呈现，形成了完整的数据产业链。大量的公司和数据科学家投入其中，造就了生态的繁荣。

3. 数据的价值已经被证明

比如，亚马逊通过整理用户的浏览数据进行商品推荐，Netflix（网飞）通过了解用户的观看记录推出了《纸牌屋》，金融公司则通过用户的网络数据建立征信系统。

9.6.2 数据的价值在于能否变现

数据不是凭空来的，而是从一个业务、一个应用中产生而来，所以数据的价值是它产生的环境和过程赋予的。数据可以有很多属性，从而造就了应用层面的差异化。

比如，数据的金融属性，通过搜集用户的月收入、信用卡消费、网购消费、房贷、车贷等数据形成。金融属性的数据因为产生的过程离钱最近，可以为征信所利用。同理，每个人每天上网社交、听歌、打游戏、搜索、看视频等行为，都会产生个人偏好的社交属性的数据。通过这些数据就可以勾勒出一个用户的画像。

了解了数据的价值，再来看看数据的变现。数据变现就是把不同属性的数据再次应用到业务中去。变现是一种能力，也是提升数据价值的基础。没有变现的能力，提升数据价值就是空谈。

掌握高深的数据处理技术，了解业务的应用，解决用户的实际问题，并能进一步将其提炼、包装成业务，就能实现大数据的变现，即变现能力是将技术再次应用到业务中去的能力。

目前，大数据公司普遍忽略变现能力，夸大技术驱动市场。这就是大数据的误区，认为掌握了顶尖的技术，就可以改变世界，而"在大数据领域赚不到钱，是因为没有掌握高深的数据处理技术"。其实，数据处理能力在助力大数据变现的过程中不是唯一重要的。当然，没有足够的数据处理能力，即使机会摆在面前也难以抓住。正确的方式是，除了拥有足够的数据处理能力，还需要丰富的行业经验，再能准确地挖掘用户的实际需求，并对各类数据有一个全面了解，这样的公司才可能"举重若轻"。

大数据是一种技术，但再好的技术也是为应用而来的。作为一家数据化的公司，首要的能力是实现数据的变现，最大的使命是使掌握的数据价值最大化。

9.6.3 提升数据价值的三个阶段

数据产生于业务和应用中，体现价值的最好办法就是回归到业务中。数据回归到业务有三个层级的方法，分别是挖掘、链接和流转。

☞ **精准挖掘**

数据挖掘的目的是要揭示出人们可能会或者一定会忽视的事物，用以检视人们依靠主观经验判断错误的事物。

比如,你能明白为什么有些用户会同时买一个 100 元左右的包和一个 900 多元的包吗?只有通过对相同类型用户的数据进行分析,才能找出原因(用户的心态),据此制定出符合用户需求的营销方案。这个过程就是数据挖掘,也是数据价值的第一次提升。

☞ 开放链接

假设现在有很多单一的 ID,还有很多单维的数据。目前看,这些 ID 和数据的价值并不高,因为它们都太单薄了,只揭示了与它们相关的很小的一部分东西的特征,如果不将这些 ID 和数据进行链接,它们将越来越趋向于无价值。

现在尝试将它们链接起来,ID 不再是单一存在的,数据也不再是单维存在的,它们都在彼此的世界中找到了相互升值的驱动力,这样就实现了 1+1>2 的效果。

如果接下来将这些打通的数据应用到某种业务中,产生出的新数据,就会有更大的价值。因为数据的价值由业务的价值决定,它产生的价值越高,其本身的价值就越高。

☞ 闭环循环

循环就是数据又流动回到业务中。这个流回不是简单地回流,而是经过了数据的加工处理后再返回业务,然后产生新的数据,形成闭环,如图 9-5 所示。

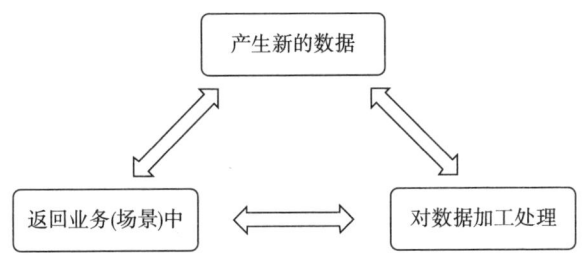

图 9-5 数据流转的闭环

如果加上跨界的数据,或者说对具有不同属性的数据进行加工后,再流转,就形成了新的业务数据,这个过程可以使原有的数据价值得到极大的升华。

附录

公司估值关键要点大全

附录1 搞清企业估值方法,掌握升值渠道

公司估值方法包括两大类:相对估值方法和绝对估值方法。

☞**相对估值法**

1. 市盈率法(PE法)

市盈率分为两种:静态市盈率和动态市盈率,前者反映公司上一个财务年度的利润,后者反映公司当前财务年度的利润。根据同行业上市公司当年的平均市盈率或未来两年的平均市盈率打个折扣。如式附1-1所示。

$$公司价值 = 市盈率(PE) \times 净利润 \quad (附1-1)$$

PE倍数静态在8~10倍之间,动态在5~8倍之间。

PE法适用于周期性较弱、盈利相对稳定的公司。不适用于周期性较强、净利润为负的公司。

2. 市净率法(PB法)

根据同行业上市公司平均市净率打个折扣。如式附1-2所示。

$$公司价值 = 市净率(PB) \times 净资产 \quad (附1-2)$$

PB倍数大概为2~3倍。

PB法适用于有大量固定资产且账面价值相对稳定的公司;流动资产比例高的公司;业绩差及重组型公司。不适用于账面价值变动较快公司;固定资产较少、商誉或智慧财产权较多的服务类公司。

3. 市销率法(PS法)

根据同行业上市公司平均价格销售比打个折扣。如式附1-3所示。

$$公司价值 = 价格销售比(PS) \times 预测销售额 \quad (附1-3)$$

PS倍数大概为30~40倍。

PS法适用于经营平稳的公司;高速增长公司;经营困难的公司。不适

用于业绩波动大的公司。

4. PEG 法

把成长性考虑在内，G 是公司未来几年（一般三年以上）的复合增长率。如式附 1 - 4 所示。

$$PEG = \frac{每股市价/每股盈利}{每股年度增长预测值} \quad (附1-4)$$

PEG 值在 1 以下，公司具有吸引力；PEG 值在 1 ~ 1.5 之间，危险在可控范围内；PEG 值高于 1.5，公司风险较大。

PEG 法只适用于原利润基础稳定的公司。

5. 企业价值倍数法（EV/EBITDA 倍数法）

企业价值倍数法的公式如下，如式附 1 - 5 所示。

$$公司价值 = EV/EBITDA 倍数 \times 息税折旧前盈利 \quad (附1-5)$$

式中：EV = 市值 +（总负债 - 总现金）= 市值 + 净负债

EBITDA = 营业利益 + 折旧费用 + 摊销费用

EV/EBITDA 法适用于资本密集的收购型公司；净利润亏损，但毛利、营业利益并不亏损的公司。不适用于固定资产变化较快的公司；净利润、毛利、营业利益均亏损的公司；有高负债的公司。

☞ 绝对估值法

1. 经济附加值法（EVA 法）

指资本所增加的经济价值、附加经济价值等。如式附 1 - 6 所示。

$$企业价值 = 投资资本 + 未来年份预测 EVA 的现值 \quad (附1-6)$$

式中：EVA = 税后营业净利润 - 资本总成本（税后净营业利润 = 税后净利润 + 利息支出）

EVA 法适用于成熟期的公司。

2. 现金流折现法（DCF 法）

现金流折现法的公式如下，如式附 1 - 7 所示。

$$未来现金流现值（PV）= \frac{\sum CF_n}{(1+R)^n} \quad (附1-7)$$

式中：CFn——第 n 年的现金流量

R——贴现率

DCF 法适用于成长期、成熟期的公司。

3. 决策树法（DTA 法）

通过计算，优选出效益最大、成本最小的决策方法，如图附 1-1 所示。

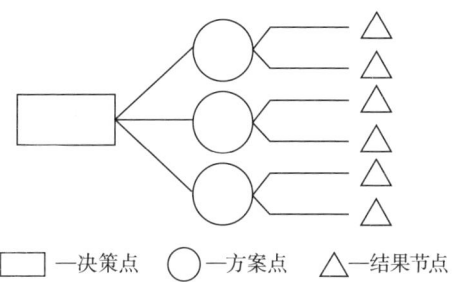

图附 1-1　决策树法图示

决策树法作为一种决策技术，广泛应用于公司的投资决策之中。其流程如下，如图附 1-2 所示。

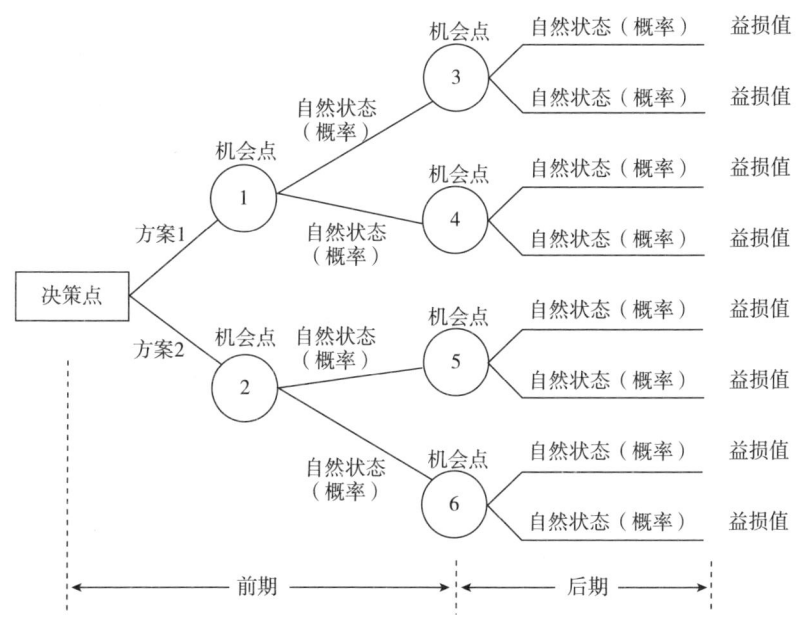

图附 1-2　决策树的具体表现形式

（1）绘制决策树，根据已知条件排列出各个方案。

（2）每一个方案的各种自然状态列出来。

（3）将各状态的概率及益损值标上。

（4）计算各方案的期望值。

（5）比较各方案的期望值，将值小的剪掉，最后剩下的就是最佳方案。

附录2　如果你的公司是独角兽，该怎么估值

独角兽公司是投资界对于十亿美元以上估值、且创办时间较短的公司的称谓。

投资独角兽公司，过往参照的盈利、现金流、历史表现、可比公司等因素都不太适用。因为此类公司在初次被估值时，往往处于尚未实现盈利、市场历史较短、可比公司极少的成长阶段。但是，不是说这类公司就没办法进行估值了，可以从公司成立后的不同阶段着手。

☞ 初创期

初创期的独角兽公司多采用以用户数量为核心的"修正DEVA"和P/MAU估值法。

单纯"DEVA估值法"现在已很少被使用，其核心价值是指出了"用户价值"。"修正DEVA"的核心仍是"用户价值"，但加入了"活跃用户"，在一定程度上修正了DEVA容易导致公司价值被高估的问题。

P/MAU（相对估值法）中，P为公司市值，MAU为公司用户的月活跃量。此估值方法几乎适用于所有公司，当然条件宽松的结果就是估值结果的严谨性不足。

☞ 发展期和成长期

发展和成长时期，公司在收入增长的同时仍会持续投入，导致难以获

得较为稳定的盈利或是利润波动很大。因此，推荐 P/GMV、EV/EBITDA 等估值方法。

P/GMV 主要用于对电商网站进行估值分析时使用，公式较为复杂，如式附 2-1 所示。

$$GMV = 销售额 + 取消订单金额 + 拒收订单金额 + 退货订单金额$$

（附 2-1）

P/GMV 估值法适用于不同运营模式的电商，可以对其业绩进行比较。比如，平台型电商阿里巴巴的盈利模式为收取交易佣金、年费、广告费；自营型电商京东商城的盈利模式为赚取进销差价。

EV/EBITDA 估值法反映了公司投资的市场价值和未来一年公司收益间的比例关系，目的是还原公司的真实收入流量。适用于科技类公司，这类公司的前期经营因受到持续投入的高额研发费用而亏损，但当研发的新技术和新产品诞生后，公司竞争力和现金流量会持续增加，公司市场价值也会增高。

☞ 成熟期

进入成熟期后，公司的盈利模式已基本稳定，PE、PEG、DCF、SOTP 等估值方法具备可操作性。

使用 PE 可与其他公司进行横向比较。因为当 PE 基本稳定在某一区间后，其数据具备参考价值。

PEG 估值法将公司的估值与业绩联系起来，体现公司具备很强的成长性。

DCF 估值法依赖公司具备稳定的盈利模式和业绩增速，以实现对公司未来现金流的预测。

SOTP 估值法适用于公司的多元化布控阶段，选择合适的估值方法将公司同时经营的不同业务进行估值，再得出该多元化公司的总估值水平。

附录3 影响估值的几个错误因素

☞**错误一：估值一直不变**

公司估值是无法长久稳定的，因为公司随时会面临激烈和未可知的竞争，而且商业环境的变化、产品的更新换代、产品线的被淘汰等状况也影响公司的成绩。可见，在公司与外部环境动态的情况下，今天的技术，不代表长久的领先；今天的落后，也不代表长久的落后。

☞**错误二：估值是绝对的**

如果让几个评估师同时给同一家公司估值，他们得出的结果绝对不会完全相同。因为每个评估师采用的模型、方法等都不会相同。但是，只要评估师选择的模型和方法是合理的，他们的估值结果也是合理的。因此，公司估值绝对不是一个绝对值，而是有一些不同的。

☞**错误三：不用非得职业评估师做估值**

公司的会计师也可以做估值，但他们缺乏必要的专业技能和经验，也不具备资格。或许他们中有人有资质、有能力、也有经验可以给公司做估值，但因为其是公司内部人员，做完估值后仍跟公司保持利益上的关系，所以在做估值时有可能存在倾向性偏差，目的是为了迎合公司领导的需求。

☞**错误四：估值只根据财务报表**

不可否认，财务报表是公司估值的基础，但影响估值的因素还有很多，如同业竞争、行业状况、经济形势、组织结构、管理团队、产品周期等。这些因素基本上都会出现在估值模型的假设中，如有遗漏就不能称为合格的估值。